Kerstin Werner

Wach auf

Dein Leben wartet

50 Inspirationen, die Mut machen,

den eigenen Weg zu gehen.

www.kerstin-werner.de

Bibliografische Information der Deutschen Nationalbibliothek:
Die Deutsche Nationalbibliothek verzeichnet diese Publikation in der Deutschen Nationalbibliografie; detaillierte Daten sind im Internet über http://dnb.dnb.de abrufbar.

Lektorat: Elsa Rieger
www.elsarieger.at

Illustrationen: Ulrike Hirsch
www.ulrike-hirsch.de

ISBN-13: 978-1493642175
ISBN-10: 1493642170

Inhaltsverzeichnis

Vorwort der Autorin

Die Hälfte der Menschheit schläft. Viele verharren in der Opferhaltung, geben sich Abhängigkeiten hin, tragen Ängste in sich, sind voller Selbstzweifel und passen sich an, um anderen zu gefallen. Und dann sterben sie irgendwann, ohne jemals wach geworden zu sein …

Damit ist jetzt Schluss!
Zeit zum Aufwachen!

Ja, ich weiß, auf diesen Kissen ist es bequem. Ich lag selbst auch viele Jahre darauf herum. Doch wenn wir ein glückliches Leben leben wollen, dann geht das so nicht!

Raus aus der Komfortzone,
rein in die Selbstverantwortung!

In diesem Buch lade ich dich ein, dein Leben in die eigenen Hände zu nehmen, selbstverantwortlich zu handeln und dem Ruf deines Herzens zu folgen. Denn nur so findest du zur inneren Ruhe und zu einem Leben voller Glück und Zufriedenheit.

Wache Grüße
Kerstin

Inspiration Nr. 1

Was kümmert mich mein Geschwätz von gestern!

Wenn wir Nachsicht mit unserer Unvollkommenheit haben, haben wir sie auch mit der von anderen. So funktionieren Spiegel. Kann ich also mit meinen Mitmenschen nicht nachsichtig sein, sollte ich mir die Frage stellen: Wie nachsichtig bin ich mit mir selbst?

Hat die Liebe (auch Selbstliebe) eigentlich eine Chance ohne Nachsicht? Ich glaube es nicht.

Erst wenn ich nachsichtig mit mir bin, erlaube ich mir, Kurskorrekturen vorzunehmen. Das, was ich gestern gesagt habe, muss heute keinen Bestand mehr haben. Für Menschen, die einen Standpunkt haben und davon nicht abweichen, weil sie denken, dass sie ihrer Meinung treu bleiben müssen, ist das wohl die größte Herausforderung.

Das Wort Standpunkt spricht schon für sich: Man steht auf einem Punkt. Radius = null. Starre. Keine Flexibilität. Bewegung unmöglich. Alles ist begrenzt.

Prinzipiell ist es super, eine eigene Meinung zu haben. Wenn ich mir aber aufgrund meiner eigenen Entwicklung nicht erlaube, sie zu revidieren, kann es sein, dass ich in Sackgassen verharre und mich selbst nicht raus lasse ... in die innere Freiheit.

Das Leben ist Veränderung.
Das gilt für meine Entwicklung.
Das gilt für deine Entwicklung.

Wenn es eine Sicherheit im Leben gibt, dann diese: Alles ändert sich. Sekündlich. Nichts bleibt wie es ist. Wenn dein Leben fließen soll, ist es wichtig, dies zu verinnerlichen.

Schon Konrad Adenauer sagte: „Was kümmert mich mein Geschwätz von gestern!"

Und in meinen Augen hatte er damit recht. Die Zeit, in der wir leben, bringt es mit sich, dass die persönliche Entwicklung schneller vorangeht als je zuvor. Wieso also an dem festhalten, was ich gestern sagte, wenn es heute anders ist?

Festhalten wollen macht krank.
Loslassen macht frei.

Jeder darf seine Meinung ändern, auch täglich!
Und wenn dich irgendwer dafür verurteilt,
schenk ihm dieses Buch! ☺

Inspiration Nr. 2

Wenn du nicht handelst, wirst du behandelt.

Das hört sich im ersten Moment vielleicht hart an, wenn wir aber näher hinschauen, ist es befreiend.

In meinem Leben waren lange Zeit Männer und Freundschaften voll mit Lug und Trug. Ich habe darunter gelitten, weil ich von einer Enttäuschung in die nächste gelaufen bin.

Heute weiß ich, dass jeder, der mich ent-täuscht, mir einen Gefallen tut. Derjenige nimmt mir die Täuschung oder Illusion, die ich mir aufgebaut hatte.

Dafür habe ich allerdings eine Zeitlang gebraucht, um das so verinnerlichen zu können. Viele Jahre habe ich mich immer nur als Opfer gefühlt und Fragen gestellt wie:

Warum nur immer ich?
Wie kann der/die nur so mit mir umgehen?
Warum passiert das mir, aber den anderen nicht?

Solange ich diese Fragen stellte, schimpfte ich letztendlich auf meine Umwelt, schaute mich selbst verachtend an und suchte die Schuldigen im Außen. Wenn ich das tue, gebe ich die Verantwortung für mein Leben ab und leide. Ich leide als Opfer. Weil ja andere so böse mit mir umgegangen sind. In der Opferrolle kann ich nicht handeln. Fazit: Ich werde behandelt. Und zwar so, wie andere es gern hätten!

Erst als ich das erkannte und meine eigenen Fäden in die Hände nahm, konnte ich das Dasein als Marionette beenden.

Ohne diese Fäden war es zwar ungewohnt und zu Beginn auch manchmal beängstigend, weil ich nicht wusste, was kommt, aber je länger ich auf den Beinen war, desto mehr stellte ich fest, wie befreiend es ist, seinen Weg selbst bestimmen zu können.

Manchmal ist es viel leichter, sich in alten Verhaltensmustern zu suhlen, wenn man noch wackelig auf den Beinen ist. Alles, was uns bis heute getragen hat, kennen wir, das ist bequem … auch wenn es uns nicht gut tut und nur noch weiter ins Leid führt.

Wie sagt man so schön:
Scheiße wärmt halt auch!

Inspiration Nr. 3

Es ist, wie es ist!

Diesen Satz hört man ständig und überall. Nur was bedeutet er denn ganz genau? Ich habe da lange noch ein „gut" rein interpretiert. Sprich: Es ist gut so, wie es ist. Allerdings bewertete ich damit und versuchte gut zu heißen, was ich aber gar nicht gut finde. Das ging jedenfalls so nicht. Denn wenn wir versuchen, etwas gut zu finden, was wir ablehnen, verbiegen wir uns und passen uns an, so wie wir es eh schon von früher kennen. Und dann passiert (meist völlig unbewusst) folgendes: Wir verleugnen uns selbst! Und genau das macht den Unterschied aus zwischen Selbstverurteilung und Selbstachtung. Deshalb sage ich heute selten „Alles ist gut!", denn mit diesem Satz verdränge ich oft die ganzen Gefühle, die eigentlich raus wollen.

Wenn du dich also annehmen willst, mit allem was ist, sag einfach JA zu allem, was da ist. JA, es ist jetzt so. Das heißt aber nicht, dass du es so lassen musst. Verstehst du? Du darfst auch etwas verändern.

Wenn du also etwas an oder in dir hast, worunter du leidest, dann sage JA zu dem, wie es jetzt ist. Übernimm dafür die Verantwortung. Was nicht heißt, dass du Schuld hast. Selbstverantwortung bedeutet: Du übernimmst Verantwortung dafür, dass du dein

Leben so erschaffen hast, wie es jetzt ist. Oft auch unwissend, welche Auswirkungen dein Handeln in der Vergangenheit für dich hatte.

Du bist Schöpfer deines Lebens. Du kannst alles so lassen wie es ist oder dich JETZT neu entscheiden. Du musst dich nicht deinem Leid hingeben, wenn du JA zu dem sagst, wie es ist. Wenn etwas für dich nicht gut ist, ist es eben nicht gut. Dann mach es anders!

Dazu ein schönes Zitat von Byron Katie:

„Was ist, ist.
Sie haben keine Wahl.
Ist Ihnen das noch nicht aufgefallen?“

Anzunehmen was ist, heißt nichts anderes als: Der Gegenwart ins Auge zu blicken, sie zu bejahen und mit allem, was da ist, zu fühlen! Und ja, auch die Gefühle, die wir lieber verdrängen!

Inspiration Nr. 4

Rom ist auch mit Fahrrad erreichbar!

Es führen viele Wege nach Rom und ich habe auch schon von Leuten gehört, die sogar zu Fuß dorthin gegangen sind. Egal, welchen Weg wir gehen, meiner ist nicht deiner und deiner ist nicht meiner. Die Menschen sind so einzigartig wie ihre Wege. Daher versuche nicht, andere von deinem Weg zu überzeugen. Es ist deiner und nur deiner. Ebenso wenig brauchst du die Wege derer, die dir ihren als den einzig richtigen verkaufen wollen, annehmen. Akzeptiere den Weg der anderen und wenn Menschen deinen Weg nicht akzeptieren, lächle ihnen zu und gehe weiter. Dein Weg ist der unter deinen Füßen. Gehe ihn achtsam und mit ganzem Herzen.

Manchmal haben wir Weggefährten, die uns begleiten, manchmal gehen wir auch eine Zeitlang allein. Das sind dann die Lebensphasen, in denen wir die wundervolle Möglichkeit haben, uns nach innen zu wenden. Um Antworten zu finden, die nur die Stille kennt.

Wie lange du nach Rom brauchst, ob du mit Auto fährst oder ein Fahrrad nimmst, ob du in diesem oder im nächsten Leben dort ankommst, das spielt keine Rolle.

Ach so: Und falls du mal das Gefühl hast, du bist auf dem Weg nach Paris … hey, kein Thema! Ich stand auch schon vor dem Eiffelturm und dachte: „Wat is dat hier denn? Wie biste denn jetzt hierhin jekommen?“ Und da waren dann ein paar Liebende, die mich wieder auf den Weg nach Rom führten, indem sie mir ein Navi schenkten. Ab und zu erkennt es nicht alle Baustellen und ich fahre mitten in einen Stau hinein. Na und dann hab ich eben wieder etwas geschenkte Zeit, die ich sonst nicht hätte.

Und dann atme ich.
Bewusst ein und wieder aus.
Atmen ist Leben.

Fakt ist: Du bist auf dem Weg nach Rom, egal wie irreführend es sich manchmal anfühlt. Du kannst das Ziel also völlig außer Acht lassen. Auf dem Weg selbst findet das Leben statt.

Dein bestes Navi ist deine Herzensstimme.
Vertraue darauf!

Inspiration Nr. 5

Träumen erlaubt!

Gerade die Menschen, die einen ausgeprägten Träumer in sich haben, haben vielleicht schon oft Sätze gehört wie „Träum nicht so viel!“ oder „Komm wieder auf den Boden der Tatsachen!“.

Ha! Da kann ich auch gut mitreden. Träumen konnte ich schon immer wie ein Weltmeister. Kreativität war reichlich vorhanden und so habe ich gern viel ausprobiert. Ich habe auch schon viele Dinge angefangen, die ich nie zu Ende gebracht habe. Ich fand das schon immer okay … nur die anderen nicht! Ich hörte oft, dass ich labil oder nicht standhaft genug sei. Ich hätte keine eigene Meinung, würde meinen Weg nicht kennen, usw.

Was für ein Blödsinn!

Aber eine Zeitlang habe ich diesen Stimmen sogar geglaubt. Das waren meist die Menschen, die selbst damit aufgehört hatten, herumzuexperimentieren. Die sich nicht mehr trauten zu träumen. Die die Verbindung zu ihrem inneren Kind verloren hatten.

Meine Lehre begann als Bürokauffrau in einem Sachverständigenbüro, dabei wollte ich eigentlich etwas Kreatives machen. Mein Weg ging weiter über einen Unternehmensberater bis hin zum Steuerberater. Wieder wollte ich die Stelle wechseln und wurde durch Krankheit arbeitslos. Danach machte ich mich selbständig im Networkmarketing und erlitt damit Schiffbruch. Anschließend arbeitete ich jahrelang in der Telefonakquise und machte nebenher eine Coaching-Ausbildung.

Ich lernte ein bisschen Saxophon, ein bisschen Gitarre, aber ich hatte irgendwann keine Lust mehr, dem weiterhin nachzugehen.

Doch das war alles wichtig, um irgendwann festzustellen, was meine Talente sind, was ich gut kann und womit ich nicht nur mich, sondern auch andere Menschen entzünden kann. Wenn ich nicht so viel ausprobiert hätte, wüsste ich heute nicht, wobei mein Herz tanzt.

Fang endlich wieder an zu träumen, mach Sachen, die du schon immer mal tun wolltest und tobe dich auf der Spielwiese des Lebens aus.

Bevor du dich von deinen Träumen verabschiedest, verabschiede dich von den Menschen, die sie dir auszureden versuchen!

Dein Kind in dir – es will endlich wieder leben!

Inspiration Nr. 6

Lass die Hosen runter!

Die meisten Menschen bekommen Angst, wenn sie die Hosen runterlassen sollen. Angst, dass andere Schwächen sehen könnten oder Makel, die bislang wunderbar verdeckt werden konnten. Die Narben der Seele werden sichtbar.

Und genau DAS braucht die Welt. Menschen, die sich zeigen, wie sie sind. Die Menschen lieben dich nicht für das, was du nach außen zu sein scheinst, sondern für das, was du bist. Deine Narben haben dich zu der Person gemacht, die du heute bist. Stehe dazu!

Ich habe lange gedacht, ich könne mich öffentlich nur zeigen, wenn ich stark bin und habe somit die weiche, sanfte Seite in mir abgelehnt. Demenspre-chend übermannten mich meine Gefühle, denen ich dann hilflos ausgeliefert war. Bis ich erkannte: Ich bin stark UND sensibel. Welch einen Schatz ich da über Jahre abgelehnt hatte! Unfassbar. Und seitdem ich beide Seiten lebe, geht es … immer besser.

Wenn wir nichts mehr (an)haben, dann zeigt sich das, was ist. Stärken und Schwächen. Freude und Leid. Wunderbare Gefühle auf der einen Seite und andererseits die, die wir lieber verdrängen. Alles und nichts.

Und in dem Moment, wo wir beide Seiten zulassen und annehmen, vereinen wir sie. Wir werden ganz. Wir werden zu dem, was wir immer sein wollten.

Vollkommen.

Wenn Gott gewollt hätte, dass wir makellos sind, dann hätte er das so eingerichtet. Aber er hat den Samen des Glücks in uns gepflanzt. Und vertraute darauf, dass wir die Pflanze gießen. Das Glück hängt nicht von äußeren Umständen ab. Und in dem Moment, wo wir das verinnerlichen, öffnen sich die Tore zum Glück.

Wenn wir mit jeder Faser unseres Herzens zu uns stehen, ist uns nichts mehr peinlich. Dann dürfen auch unsere Macken gesehen werden.

Also: Zeig dich und nimm an, was da ist, auch wenn du es lange Zeit abgelehnt hast. Es ist ja eh da.

Du bist ohne Hose wunderbar!

Finde ich zumindest.

Inspiration Nr. 7

Jeder hat recht!

Wenn ich für mich etwas als „richtig" empfinde, dann doch nur deshalb, weil mein Gegenüber und ich einer Meinung sind. Er hat ähnlich gehandelt oder macht es genauso, wie ich es auch machen würde.

Was ist denn aber, wenn jemand in genau der gleichen Situation anders handelt? Für mich völlig unverständlich? Ist dies dann falsch? Für mich ist die Antwort sehr klar: NEIN. Denn jeder hat recht!

Ich habe nun zwei Möglichkeiten: Entweder ich bin ein Sturkopf, beharre auf meiner Meinung und auf mein RICHTIG. Dann wird die Situation wahrscheinlich eskalieren.

Oder ich nehme wahr, dass die Landkarten der Menschen unterschiedlich sind, dass jeder seine eigene Wahrheit hat und dass das, was in meinen Augen richtig ist, bei dem anderen anders sein könnte. Ich steige vielleicht auch aus meiner eigenen Landkarte aus und begebe mich auf die des anderen, um eventuell ganz neue Aspekte zu erfahren.

Ob diese Aspekte nun verständlich sind für mich oder nicht: Ich urteile nicht! Ich lasse den anderen so, wie er ist. Ich hinterfrage vielleicht, warum er so denken könnte und versuche, Verständnis zu entwickeln.

Oftmals liegen solche Begebenheiten nämlich weit zurück. In der Kindheit, in der Erziehung, etc.

Ein Beispiel: Stell dir vor, eine Person, die dir nahesteht, geht fremd, obwohl sie verheiratet ist. Und du selbst hältst fremdgehen für ein absolutes No-Go. Wie reagierst du?

Ich steige dann aus meiner Landkarte aus und hinterfrage. Ich versuche die Antworten des anderen rauszufinden und sehe nach wie vor den Menschen vor mir, den ich mag! Und ich glaube, dass genau dieses Verhalten dazu führt, dass sich zwei Menschen begegnen können. Es entsteht Vertrauen, weil nicht verurteilt wird. Ich gebe dem anderen die Chance sich zu öffnen, während er sich bei Verurteilung oder Kritik wieder zurückziehen würde.

Manchmal können wir uns sogar die eigenen Wege erleichtern, indem wir uns auf die Landkarte des anderen einlassen. Wege, die wir allein nicht gesehen hätten.

Neutralität öffnet die Herzen,
Verurteilung verschließt sie.

Inspiration Nr. 8

Schluss mit wünschen!

Ich wünsche mir von meinem Partner, dass ...
Ich wünsche mir von meinen Eltern, dass ...
Ich wünsche mir von meinen Kindern, dass ...
Ich wünsche mir von meinem Lehrer, dass ...
Ich wünsche mir von meinem Chef, dass ...

Diese Sätze kenne ich zur Genüge, weil ich sie lange gelebt habe. Ich habe mir von allen möglichen Menschen genau das gewünscht, was ich mir selbst nicht geben konnte. Um es auf den Punkt zu bringen: Wertschätzung, Liebe und Anerkennung. Bis ich genau das erkannt habe.

Es war auch nichts, was sich von jetzt auf gleich veränderte, sondern ich erkannte peu à peu immer mehr „Rollen", die ich in meinen Systemen Beruf, Familie und Partnerschaft spielte. Denn im Mangel sind wir nicht wir selbst, sondern fügen uns Situationen oder Menschen, weil es eben schon immer so war. Und in dem Moment, wenn das vom Unbewussten ins Bewusste rutscht, kann es sich verändern.

Heute hab ich die Wünsche auf den Mond geschossen. Irgendwann war genug gewünscht, gebettelt und gemault. Und ich habe in den letzten Jahren konsequent gehandelt, was nicht heißt, dass es immer einfach war. Oft wäre es viel einfacher gewesen, als

Opfer in der Ecke zu sitzen und bedürftig zu sein. Das kannte ich ja.

Aber der Schlüssel ist Selbstverantwortung.

Manchmal erwische ich mich auch heute noch dabei, dass ich der Aufmerksamkeit, die ich bekomme, wenn es mir schlecht geht, mehr Wert gebe als der Aufmerksamkeit, die ich bekomme, wenn es mir gut geht. Und dann fällt mir auf: Verflucht nochmal, du brauchst ja immer noch Aufmerksamkeit, Kerstin!

Und schon im nächsten Moment denke ich: Kerstin, es ist ok. Du lebst nun mal nicht alleine auf diesem Planeten und es ist durchaus schön, beachtet zu werden. Und dann hab ich mich wieder lieb, wo ich früher auf mich draufgehauen hab.

Wer mit sich selbst zu hart ins Gericht geht,
muss sich nicht wundern, wenn er verurteilt wird.

Und nun viel Freude beim
Schießen und Liebhaben!

Inspiration Nr. 9

Leichtigkeit ist in!

Vergleichst du dich oft mit anderen Menschen?
Schaust du auf das, was andere haben?

Das kann unweigerlich nur dazu führen, dass du dich selbst kleiner fühlst, niedermachst, andere in den Himmel hebst und dir die Bratpfanne auf den Kopf schlägst. Solange dein Fokus bei den anderen liegt, wirst du an dir selbst nur Mangelzustände entdecken können.

Schluss damit!
Neid ist Motivation im Rückwärtsgang!
Schau auf dich und zwar nur auf dich!

Welche Gaben hat der liebe Gott dir mit auf den Weg gegeben? Was erfüllt dein Herz? Was macht dich glücklich? Wann finden die Situationen statt, in denen du sagst: Dabei geht es mir einfach gut? Welche Talente hast du? Woran hast du Freude?

Wenn du die Antworten hast, dann fang genau damit an! Es geht nicht darum, mit irgendetwas sofort viel Geld zu verdienen oder erfolgreich zu werden. Es geht vordergründig darum, dass du glücklich bist mit dem, was du tust. Dass du Freude empfindest. Und das am besten täglich. Ohne in die Ferne zu schauen.

Es geht um den Genuss im Jetzt! Darum, dass dein Leben wieder in den Fluss kommst. Dass du das Leben spürst und weißt, welcher Schatz in dir steckt.

Jetzt komm aber bloß nicht auf die Idee, zu sagen:
„Das was ich gern mache oder gut kann, ist wertlos." Bei vielen Menschen ist es noch so, dass erst dann etwas viel wert ist, wenn man es sich hart erarbeitet hat.

Das ist Blödsinn!

Vergiss das einfach.

Denn alles, was du mit Leichtigkeit und Freude tust, wird dein Licht in dir mehr und mehr zum Strahlen bringen. Und je mehr du leuchtest, desto heller wird es um dich herum. Erlaube dir zu glänzen, denn dann wirst du automatisch die Fülle in dein Leben ziehen.

Kannst du dich noch an den hauptberuflichen Pokerspieler bei Jauch erinnern, der die Million abgeräumt hat? Als er gefragt wurde, wie er zum Pokerspielen gekommen sei, antwortete er: „Ich habe schon immer gern Karten gespielt!"

Und genau so leicht ist das!!!!!!!!

Schwer kann ja jeder …

Inspiration Nr. 10

Begrüße den Tag!

Diese Worte schrieb ich kürzlich auf Facebook:

Herzlich willkommen, lieber Tag,

als ich heute Morgen im Bett lag, habe ich meine Gedanken beobachtet und dich im gleichen Moment willkommen geheißen. Das mache ich oft, nachdem der Wecker geklingelt hat. Viele Menschen, da gehörte ich früher auch zu, beginnen dich, den neuen Tag, indem sie als erstes daran denken, was sie noch alles zu erledigen haben, und schon sind sie im Stressmodus, bevor sie dich wahr genommen haben.

Vor lauter anderen Gedanken vergessen sie, dich zu begrüßen. Sie meinen es nicht böse, sie wissen es nicht besser.

Ich freue mich auf dich und die Menschen, die mir heute begegnen. Danke, dass es dich gibt.

Beobachtest du dich morgens, wie du in den Tag startest? Das ist entscheidend für die Qualität des Tages! Denn bereits mit dem ersten Gedanken erschaffst du dir deine Realität.

Bleibe morgen früh doch einfach mal kurz liegen nachdem der Wecker geklingelt hat - und begrüße den Tag ganz bewusst. Heiße ihn willkommen.

Dann stehe auf und sei dir bewusst, dass nicht alles selbstverständlich ist, was du in deinem Leben vorfindest. Zwei Beine, mit denen du aus dem Bett steigst, zwei Hände, mit denen du deine Zähne putzt, zwei Füße, die dich durch den Tag tragen, zwei Augen, mit denen du sehen kannst, zwei Ohren, die hören können, usw.

Gehe bewusst in den Tag und bedanke dich für alles, was du sonst nicht wahrnimmst, weil es tagein, tagaus einfach da ist und selbstverständlich geworden ist.

Was das für einen Unterschied macht, wirst du merken, wenn du es tust. Und wenn du morgen früh an mich denkst, dann ist das völlig in Ordnung. *schmunzle*

Inspiration Nr. 11

Ein Pinguin bleibt ein Pinguin!

Glaubst du daran, dass Therapeuten es schaffen, aus einem Pinguin eine Giraffe zu machen?

Nein.
Ein Pinguin bleibt ein Pinguin!

Und wenn ein Pinguin nicht in der Antarktis lebt, sondern in der Wüste, dann wird keiner bemerken können, dass er bis zu 10 km pro Stunde schwimmen kann. Wie will jemand in der Wüste feststellen können, dass Pinguine besonders gute Augen in der Unterwasserwelt haben und sich sogar in 100 m Meerestiefe auf die Lichtverhältnisse einstellen können? Pinguine können bis zu 1,80 m hoch springen, wenn sie das Wasser verlassen. Wie soll das jemand in der Wüste zur Kenntnis nehmen?

Und du?
Wo befindest du dich?
Kannst du dich dort entfalten, wo du bist?

Ich habe zum Beispiel die Stärke, Texte zu kreieren, dabei meinen inneren Impulsen zu folgen und eigene „Gesetze" zu schaffen. DAS war damals beim Steuerberater nicht wirklich gefragt.

Wenn ich fotografiere, schaue ich mit den Augen der Seele durch die Kamera. Glaubt ihr, das hat jemanden in meiner Lehre zur Bürokauffrau interessiert?

Wie willst du deine Talente und Stärken entfalten können, wenn du versuchst, aus dir eine Giraffe zu machen, obwohl du ein Pinguin bist und immer bleiben wirst?

Nun auf - geh in die Antarktis und sei du selbst.
Du kennst den Weg nicht?

Dann schau anderen Pinguinen zu und frage, wie sie es geschafft haben. Von den Giraffen wirst du es nicht erfahren können.

Und nun überleg nicht mehr lange, komm an meine Flosse und dann geht es los!

Danke Eckart von Hirschhausen für diesen Impuls!

Inspiration Nr. 12

Enttarne die Lügen!

Es gibt Menschen, die erfinden irgendwelche Lügenmärchen, erzählen sie dann so oft, bis sie sie irgendwann selbst glauben. Sie kreieren sich ihre eigene Welt und leben in einer Wahrheit, die gar nicht existiert.

Kennst du auch solche Menschen?
Verurteilen wir diese nicht vorschnell?

Jetzt frage ich dich: Wie oft erzählst du dir selbst und vielleicht auch anderen irgendwelche Lügen über DICH, die nicht deiner inneren Wahrheit bzw. Natur entsprechen?

„Ich kann das nicht."
„Da hab ich Angst vor."
„Das schaff ich nicht."
„Ich bin nicht gut genug."

Das sind nur einige Beispielsätze. Wie oft sagst du dir, meist im Geiste und völlig unbewusst, selbst so etwas? Lebst du denn nicht auch in deiner eigenen Welt?

Es lohnt sich, deine Herzenswahrheit rauszufinden. Es geschieht gerade mehr Wandlung als je zuvor. Lass dich darauf ein.

Und wenn du erkennst, dass deine Gedanken nicht der Wahrheit entsprechen, verurteile dich nicht. Verzeihe dir die Zeit, in der du Lügen über dich verbreitet hast. Vergib dir selbst für alles, was du dir emotional und körperlich angetan hast. Du kannst das.

Jeder Mensch geht seinen Weg mit seinem Wissen und so gut er selbst kann. Wenn jemand in deinen Augen ein schlechter Mensch ist, hat er vielleicht nur keine anderen Lösungen für sich.

Hab Mitgefühl.
Für dich selbst und auch für andere.

Inspiration Nr. 13

Gefühle zeigen erlaubt!

Wenn du glaubst, deine Mauer sei so hart, dass man sie nicht einreißen könne … vergiss es! Das ist der größte Käse, den es gibt.

Woher ich das so genau weiß? Ich hab meine Mauern auch eingerissen. Zuerst versuchte ich es mit Hammer, dann mit Eisenstangen, sogar andere Menschen halfen mir, dagegen zu stoßen, aber nichts bewegte sich. Ich sagte: „Ich gebe auf, ich kann nicht mehr, ihr könnt gehen“, und weinte bitterlich hinter der Mauer. Ich ließ alle Gefühle raus, die ich lange verdrängt hatte. Ich weinte und weinte und weinte.

Und plötzlich. Da war etwas. Während es um mich herum ganz dunkel war, sah ich dieses kleine Licht in mir. Es strahlte und wurde immer heller. Es schien plötzlich so hell, dass sich ein Strahl den Weg durch die Mauern suchte. Ich ging diesem Strahl nach und merkte an dieser Stelle: Der Stein ist lose, er lässt sich bewegen. Ich schob ihn raus. Das erste Licht kam nun auch von außen. Ich freute mich so. Nun wusste ich: Es wird jetzt gehen!

Und so schob ich Stein für Stein raus. Ohne Anstrengung. Es war, als wenn mein inneres Licht die Mauer ausgetrocknet hätte. Als wenn ich von innen heraus wirkte. Eine Kraft, die anscheinend stärker ist als alles andere. Du brauchst keinen anderen, um deine Mauern einzureißen. Besinne dich auf das, was in dir liegt. Lass deine Gefühle zu, die da sind. Alle.

Nimm deine Wut, deinen Ärger, deinen Hass und lebe sie. Schreie, heule oder stampfe auf den Boden. Tu das, was nötig ist, um deine unterdrückten Gefühle rauszulassen. Nimm an, was da ist. Fühle. Für dich. Begegne dir selbst. Was du bis heute verdrängt hast, darf jetzt sein. Nimm alles in den Arm, was du bislang abgelehnt hast.

In den Krisen unseres Lebens werden wir weicher und die Herzen öffnen sich. Tränen sind ein Zeichen dafür, dass sich das verflüssigt, was sich lange Zeit in uns gestaut hat und hart geworden ist.

Öffne dein Herz.
Die Liebe lebt.
Auch in dir.

Ich glaub an dich!
Ganz fest sogar.

Inspiration Nr. 14

Liebe ist ein Kind der Freiheit!

Wenn du erwartest, dass dich andere Menschen lieben oder wertschätzen, verlangst du etwas von ihnen, was sie vielleicht gar nicht können.

In einem der NLP-Kurse machten wir eine Übung und als mich die Trainerin dann am Schluss in die Arme nahm, fragte sie: „Und was wünschst du dir jetzt von M.?"

„Dass sie mich annimmt, so, wie ich bin!"

„Glaubst du, dass sie sich selbst so annehmen kann, wie sie ist?"

„Nein."

„Dann verlangst du etwas von ihr, was sie selbst nie gelernt hat."

In diesem Moment fiel es mir wie Schuppen von den Augen. Wie soll mir ein Mensch etwas geben können, was er sich selbst nicht geben kann, weil er es nie gelernt hat? Ist ja bei mir nicht anders. Wie soll ich jemand anderen achten, wenn ich mich selbst nicht achte? Ich weiß ja gar nicht, wie es geht. Also war für mich schnell klar: Es beginnt alles bei mir. Egal was.

Heute liebe, achte und schätze ich mich selbst. Und das Verrückte ist: Wenn du es selbst tust, dann brauchst du es nicht mehr von den anderen. Klar, hier und da bin ich auch noch bedürftig, aber dann stehe ich dazu und traue mich damit zu zeigen, was da ist.

Und genau in dem Moment, wo du von außen diese Liebe und Anerkennung nicht mehr brauchst, bekommst du kurioserweise das, was du dir jahrzehntelang von anderen gewünscht hast.

Wenn du dir einen Eisbecher vorstellst, dann hab ich früher mit einem leeren Glas da gesessen und gebettelt, dass mir jemand das Eis einfüllt. Und oft saß ich in der Ecke, war traurig und enttäuscht, dass ich kein Eis bekam. Erst als ich das erkannte, habe ich mich durchgefragt, wie ich selbst Eis produzieren könnte.

Und siehe da: Es ist total einfach. Seitdem produziere ich selbst und manchmal hab ich sogar das Gefühl, selbst ein Eis zu sein, so sehr hab ich es verinnerlicht. Und mein Eis schmeckt soooo lecker. Ich entscheide über die Größe der Kugeln, die Sorten, und wie langsam oder schnell ich esse. Ich bin also fähig, meinen Eisbecher selbst zu füllen. Alles, womit andere mich nun beschenken, ist lediglich die Sahne auf dem Eisbecher, die ich nicht mehr zwingend brauche, worüber ich mich dennoch total freue. Ich habe mich geöffnet für die Fülle des Lebens, indem ich der Selbstliebe die Erlaubnis gab, in mein Haus einzukehren.

Liebe kannst du nicht erwarten.
Liebe ist ein Kind der Freiheit.

Inspiration Nr. 15

Erst wenn du losgehst, zeigt sich der Weg!

Die Vergangenheit ist ein Sprungbrett und kein Sofa! Es dient niemandem, wenn du dich in deinen alten Verhaltensmustern rumsuhlst. Dir selbst am allerwenigsten. Du bist nicht auf der Welt, um dich klein zu halten, unterzuordnen oder zu verleugnen. Du bist auf dieser Welt, um dein Licht zum Leuchten zu bringen. Und du schaffst das. Ich weiß es einfach.

Wenn du Angst vor dem nächsten Schritt hast, dann sag der lieben Angst schöne Grüße: Sie braucht nicht zu gehen. Sie darf mitkommen. Und in dem Moment, wo du mit deiner Angst im Arm losmarschierst, wird sie schon weniger. Die Angst geht und das Vertrauen kommt. Es ist automatisch so. Du musst dafür gar nichts weiter tun, außer gehen. Liebevoll und achtsam. Schritt für Schritt.

Ich hatte in meinem bisherigen Leben schon immer einen gewissen Mut. Und ich habe eins für mich gelernt: Wenn ich durch ein Tal gegangen bin, war ich nie allein auf meinem Weg. Wenn ich um Hilfe gebeten habe, waren immer Menschen da, die hinter mir standen.

Deshalb kann ich dich nur dazu ermuntern, die Dinge anzupacken, die lange überfällig sind. Du solltest dir selbst der Nächste sein. Denn wenn du nicht für dich sorgst, wer dann?

Diese aufmunternden und liebevollen Worte gehen an alle, die gerade nicht wissen, wie sie den nächsten Schritt meistern sollen. An alle, die noch durch Ängste im Leben getragen werden. Wenn du selbst gerade nicht an dich glauben kannst ... Ich tu es! Und manchmal ist es wichtig, zu wissen, dass andere mehr an einen glauben, als man es selbst in dem Moment kann.

Auch wenn du deinen Weg gerade nicht sehen kannst, Nebel die Sicht verschleiert und deine Angst noch nah bei dir ist: In dem Moment, wo du dich mit dem Herzen entscheidest und den ersten Schritt machst, wirken ungeahnte Kräfte für dich und es geschehen Dinge, die dir weiterhelfen. Es ist wie ein Dominoeffekt und ein ganzer Strom von Ereignissen wird in Gang gesetzt. Das einzige, was du tun musst, ist eine Entscheidung treffen und gehen.

Und jetzt geh!

Inspiration Nr. 16

Ich bin du und du bist ich!

Diesen Satz hab ich oft gelesen und nicht wirklich verstanden. Ich wusste einfach nicht, wie es gemeint ist. Vielleicht geht es dir ja gerade ähnlich. Die Worte von Arzu Berabi passen an dieser Stelle wirklich gut:

„Solange du dich bemühst, andere zu beeindrucken, bist du von dir selbst nicht überzeugt. Solange du danach strebst, besser als andere zu sein, zweifelst du an deinem eigenen Wert. Solange du versuchst, dich größer zu machen, indem du andere klein machst, hegst du Zweifel an deiner Größe.
Wer in sich ruht, muss niemandem etwas beweisen.
Wer um seinen Wert weiß, braucht keine Bestätigung.
Wer seine Größe kennt, lässt den anderen die ihre."

Im Klartext heißt das also: Wenn mich etwas am anderen stört, dann finde ich in meinem Gegenüber einen Spiegel meiner selbst. Entweder ist es ein Spiegel mangelnden Selbstbewusstseins oder einer dafür, dass ich genau das, was ich am anderen blöd finde, selbst noch in mir ablehne. Wenn du also jemanden anderen verletzt, verletzt du dich im Grunde genommen nur selbst.

Und ich weiß von mir: Diese Spiegel schaut man sich nicht immer gern an! Denn sie setzen eine Ehrlichkeit sich selbst gegenüber voraus.

Aber wenn wir ehrlich zu uns sind, fallen unsere Masken. Dann dürfen Gefühle sein, die lange Zeit verdrängt wurden. Und das ist gut so. Gefühle zeigen macht sympathisch und schafft Nähe.

Viele haben Angst davor, diese Masken fallen zu lassen, weil sie denken, dass dann der andere sieht, wie man wirklich ist.

Aber ist es nicht unsere tiefste Sehnsucht,
genau DER zu sein …
Der, der wir wirklich sind?
Der und kein anderer?

Wie lange haben wir alle Masken getragen und spielten Rollen, die nicht unserem Herzen entsprachen? Gib dir einen Ruck und nimm deine Masken ab. Viele Menschen haben Angst vor den Tränen, die dann vielleicht kommen oder empfinden Gefühle, die sie bislang lieber verdrängt haben. Aber sowohl die Gefühle als auch die Tränen müssen raus, denn sie befreien uns von der Last der Vergangenheit. Tränen sind ein Beschleuniger auf unserem Weg.

Wenn du von dieser Last befreit bist, stellt sich eine innere Freiheit ein, die dir hilft dich selbst zu akzeptieren, wie du bist, und genau in dem Moment kannst du auch die Mitmenschen akzeptieren, wie sie sind.

Ich bin du und du bist ich!

Inspiration Nr. 17

Sprich mit den Menschen statt über sie!

Was machst du mit Post, die in deinem Briefkasten landet, aber nicht an dich adressiert ist? Du gibst sie dem Briefträger zurück oder verteilst sie in der Nachbarschaft, damit der korrekte Adressat sie erhält, richtig?

Und nun frage ich dich: Wie oft nimmst du Pakete anderer Menschen an, die nicht an dich adressiert sind? Wie oft sprichst du über Probleme anderer, mit denen du gar nichts zu tun hast? Wie oft steckst du deine Nase in Angelegenheiten, die dich nichts angehen? Wie oft beschäftigst du dich mit den Paketen anderer Menschen, obwohl du selbst genug zu öffnen hättest?

Ich weiß, die Fragen sind provokant, aber genau deshalb stelle ich sie. Über andere zu sprechen hat einen großen Vorteil: Man braucht nicht über sich selbst reden. Eine herrliche Ablenkung ist das, richtig?

Und man hat was zum Tratschen! Diese Tatsache ist nicht zu unterschätzen. Viele Menschen tratschen über x und y, damit sie dazu gehören. Zu denen, die auch tratschen. Und versinken damit im Meer derer, die andere Probleme über ihre eigenen legen, um bloß nicht auf sich selbst schauen zu müssen.

Noch dazu ist es viel einfacher, über Fehler anderer Leute zu sprechen als über die eigenen.

Meine Paketannahmestelle ist schon länger geschlossen. Ich spreche nicht mehr mit A über die Probleme von B, sondern ich spreche mit A über die Probleme von A. Sofern A überhaupt Probleme hat. Ansonsten lache ich nämlich auch gern über den Sinn und Unsinn des Lebens!

Ich spreche lieber mit den Menschen statt über sie. Außerdem liegen vor meiner eigenen Hütte genug Päckchen, die ich auspacken darf. Wieso also noch fremde dazu stellen? Nein, brauch ich nicht und will ich auch nicht mehr.

Ich schaue mir die Adressaten auf den Paketen genau an. Wenn dort nicht mein Name steht, werden sie nicht angenommen. Und das kommuniziere ich inzwischen auch in Gesprächen, wenn es mir auffällt, dass getratscht wird.

Steht jedoch mein Name auf einem Päckchen, schau ich rein. Weil ich weiß, dass jedes geöffnete Paket mir dabei geholfen hat, das zu werden, was ich heute bin: Glücklich …

Inspiration Nr. 18

Glaube an dich!

Die wenigsten glauben an sich selbst und vergleichen sich ständig mit anderen Menschen, weil dort angeblich dies und das schöner oder besser ist.

Ich kenne das zu gut, weil ich es selbst lange Zeit getan habe. Nur was passiert denn eigentlich genau, wenn wir uns vergleichen? Wir erzeugen ein Gefühl von Kleinheit und uns geht es schlecht, weil wir uns selbst nicht so akzeptieren, wie wir sind. Wir wollen so sein wie andere und sind mit uns selbst unzufrieden. Wir messen uns mit anderen, von denen wir nicht einmal wissen, ob alles so ist, wie es scheint.

Deshalb fordere ich dich an der Stelle auf: Schau liebevoll auf dich selbst. Du bist wundervoll und einzigartig. Ja, du bist vollkommen. Manchmal auch vollkommen verrückt, aber das gehört auch dazu. Du bist du. Und wenn du dich selbst erkannt hast und dich selbst zu lieben beginnst, dann wirst du das Vergleichen im Außen nicht mehr brauchen.

Genau in dem Moment hast du nämlich deinen Wegweiser (wieder) gefunden. Deinen inneren Wegweiser … die Stimme des Herzens.

Und das Wunderschöne daran ist: Wenn du selbst erkennst, welche Herzensqualitäten du hast und nicht ständig über dich urteilst und dich bewertest, werden dir auch wohlwollende Menschen begegnen.

Es passiert dann noch etwas automatisch. Du wirst die Herzensqualitäten deiner Mitmenschen entdecken und nicht mehr urteilen und bewerten, wie du es vorher getan hast. Alles, was in uns selbst nicht in der Liebe war, wir aber nun angenommen haben, können wir auch bei anderen Menschen genau ab diesem Zeitpunkt annehmen. Wir umarmen nicht nur uns selbst mit unseren Macken, sondern auch unsere Mitmenschen. Und das merken sie!

Es ist ein Kreislauf, in den du dich begibst, wenn du an dich selbst glaubst und dir vertraust.

Den Kreislauf der LIEBE.

Inspiration Nr. 19

Leben ist jetzt!

Selbst die vermeintlich falschen Entscheidungen waren in dem Moment, wo wir sie trafen, genau die richtigen. Denn sie haben uns auf unserem Weg weiter gebracht. Und zwar genau dahin, wo wir hin sollten.

Deshalb scheue dich nicht davor, Entscheidungen zu treffen, sondern freue dich auf die Veränderungen, die das Leben dir bietet. Das Leben ist Veränderung. Nichts bleibt wie es ist. Und es ist gut, wenn wir uns mit dieser Tatsache schnellstmöglich anfreunden.

Manch einer denkt: „Hätte ich anders entschieden, wäre mein Leben anders verlaufen". Natürlich wäre es das. Aber es ist jetzt so, wie es ist. Sieh den Tatsachen ins Auge und wühle nicht in der Vergangenheit mit einem „hätte", „wenn" oder „könnte". Damit holst du dein Leben nicht zurück, sondern trauerst einer Zeit hinterher, die es nie gegeben hat.

Das Leben ist JETZT!

Wenn du nicht akzeptierst, wie es ist, wehrst du dich. Gegen das Leben. Und dann leidest du! Du stehst jetzt genau an diesem Punkt, wo du jetzt stehst. Übernimm dafür Verantwortung.

Das Leben jetzt zu leben, bedeutet nicht, das Morgen zu vergessen. Natürlich gibt es Dinge, die geplant werden müssen. Es geht vielmehr darum, das Leben bewusst wahrzunehmen. Das, was JETZT ist. Denn nur in der Gegenwart ist es uns möglich, ganz da zu sein.

In einem der Seminare wurde uns Teilnehmern eine Frage gestellt, die ich gern an der Stelle weitergebe. Antworte spontan: Wenn du 100% zur Verfügung hast, zu wie viel Prozent lebst du derzeit in der Vergangenheit, Gegenwart bzw. Zukunft?

Mir wurde durch diese Frage erst bewusst, wie oft ich mich gedanklich in der Vergangenheit oder Zukunft herumgetrieben habe. Wie selten ich mich im Hier und Jetzt befunden habe. Wie sehr ich im Wenn-Dann-Denken unterwegs war.

Wenn ich abgenommen habe, dann … Wenn ich umgezogen bin, dann … Wenn ich einen Mann habe, dann … Wenn ich damals anders entschieden hätte, dann … Wenn ich nochmal zwanzig wäre, dann … Wenn ich mehr Geld hätte, dann …

Damit schaffte ich es, den größten Teil meiner Zeit in der Vergangenheit bzw. meiner Zukunft zu verbringen. Eine Zeit, die jetzt nicht existierte. Das Wichtigste am Leben ist das LEBEN. Glücklich sein kannst du nur JETZT. Aufschieben ist zwecklos!

Inspiration Nr. 20

Kinder sind ein Geschenk!

In einem Lied singt Ina Müller: „Du brauchst keinen Grund, um zu gehen, wenn du keinen mehr hast, um zu bleiben.“

Es geht in diesem Fall zwar um eine Partnerschaft, aber letztendlich kann man das auf alle Beziehungen, auch Freundschaften, übertragen.

Ich selbst bin auch oft geblieben, obwohl ich wusste, dass mir eine Beziehung nicht gut tat. Und ich weiß inzwischen auch, warum. Es war der Hunger nach Anerkennung. Lieber hatte ich negative Aufmerksamkeit als gar keine.

Kinder - wir waren ja auch mal welche - erhalten auch heute noch mehr korrigierende Rückmeldungen als aufbauende und ermutigende.

Wenn Kinder oft kritisiert werden, wird ihnen unbewusst suggeriert: Du bist nur gut genug, wenn du dich veränderst! Sie fühlen sich nicht geborgen und können später nur schwer Selbstvertrauen entwickeln.

Die Grundbotschaft, die ein Kind nährt, stärkt und aufbaut, lautet: „Schön, dass es dich gibt. Ich liebe dich. Du machst das klasse. Du bist wunderbar. Höre auf dein Herz, probiere alles aus im Leben und spiele, solange du Lust am Spielen hast.“

Stattdessen hören Kinder ganz oft solche Sätze wie: „Reiß dich zusammen. Du musst noch viel lernen! Stell dich nicht so an. Träum nicht so viel."

Jedes Kind benötigt lebensnotwendig Aufmerksamkeit, Bestätigung und Liebe. Bekommt ein Kind diese Dinge nicht, kann es nicht überleben. Darum tut ein Kind alles dafür, Zuwendungen auf irgendeine Weise zu erhalten. Es mag sich absurd anhören, aber ein Kind nimmt lieber Beschimpfungen und Schläge in Kauf, um Aufmerksamkeit zu bekommen, als ignoriert zu werden. Wenn ein also Kind schreit, hyperaktiv ist oder nur Ärger macht, hat es einen Grund: Es ist der Schrei nach Liebe und Anerkennung.

Deshalb trägt auch der Erwachsene immer noch diesen Hunger nach Anerkennung in sich. Mit diesem Hunger laufen dann viele in eine Beziehung und ins Berufsleben. Dort versuchen sie, im Außen zu bekommen, was sie sich selbst nicht geben können.

Kümmere dich um deine verletzte Kinderseele, schenke dir jetzt selbst die Liebe, die du früher nicht erhalten hast und vergib allen, die es nicht besser wussten.

Kinder sind ein Geschenk des Himmels.
Lasst sie uns auch so behandeln!

Inspiration Nr. 21

Vertraue dem Fluss des Lebens!

„Hättest du mir vor 5 Jahren erzählt, dass ich mal Hochzeiten fotografiere oder Bücher schreibe, ich hätte dir einen Vogel gezeigt!“, antwortete ich kürzlich einer Person, die sagte, dass sie ihre Begabungen nicht kennt.

Ich bin fest davon überzeugt, dass jeder von Gott gegebene Begabungen in sich trägt. Etwas, was total leicht fällt, was einem einfach von der Hand geht, was das eigene Herz erfüllt und somit die Menschheit bereichert. Nur wenn wir uns auf die Suche begeben, suchen wir so weit in der Ferne, dass wir das Naheliegende nicht sehen. Nicht sehen können. Wir sehen es nicht, weil der Zeitpunkt vielleicht noch nicht da ist. Aber sei gewiss: Es ist bereits jetzt da. Und das sage ich aus tiefster Überzeugung, weil ich es an mir selbst erlebt habe.

Ich habe schon immer viel und gern geschrieben, aber ich wusste nicht, dass es eine Begabung ist. Ja, ich wusste es einfach nicht. Verrückt, oder? Ich habe auch schon immer gern fotografiert, aber ich wusste nicht, dass es ein Talent ist. Vielleicht habe ich es auch einfach nicht zugelassen, weil ich mich im Leid besser auskannte als in der Freude.

Wenn du also gerade unzufrieden bist und auch irgendetwas tun willst, was dein Herz erfüllt, aber derzeit einfach nicht weißt, was es ist, dann verzweifele nicht, sondern vertraue. Vertraue darauf, dass es sich von allein zeigen wird. Denn es wird sich zeigen. In dem Moment, wo du zu dir stehst, dich nicht mehr verleugnest und deinem Licht eine Chance gibst, zeigen sich die Schätze, die in dir stecken, ohne dass du bewusst etwas dafür getan hast.

Auch wenn du den Diamanten in dir noch nicht erkennen kannst. Du bist einer. Und ich weiß das. Wir sind alle Diamanten. Öffne dich für diese Herzenswahrheit. Gib der Fülle des Lebens eine Chance, lass den Quell deiner Begabungen ans Tageslicht und vertraue dem Fluss des Lebens!

Inspiration Nr. 22

Anpassen ist out!

Kürzlich fragte mich jemand: „Hast du daran geglaubt, dass sich deine Bücher verkaufen lassen?"

Ich antwortete das erste Mal mit der Wahrheit: „Ja, das habe ich!"

Und ich verrate dir jetzt noch etwas: So ehrlich habe ich zuvor auf diese Frage nicht geantwortet. Aus einem Grund: Weil ich dachte, ich dürfte so was nicht sagen. Ich traute mich nicht. Das würde sich bestimmt überheblich anhören. Und so sagte ich immer irgendetwas, was das Ganze schmälerte. Weil ich dachte, wenn ich mich klein mache, dann bin ich anderen sympathischer.

Was für eine Hirnkacke ist das denn bitteschön?

Machst du dich auch manchmal klein, um anderen zu gefallen? An die Kleinheit anderer anpassen, das ist einfach, richtig? Das machst du doch bloß der Zugehörigkeit wegen, stimmt's? Erzählst du auch manchmal irgendwelche Jammergeschichten, um aufzufallen? Ist dir die Aufmerksamkeit, die du für dein Leid bekommst, auch noch wichtig? Besser negative Aufmerksamkeit als gar keine?

Mensch Meier, Schluss damit!

Wir sind nicht auf dieser Welt, um uns im Leid zu suhlen. Schenk dir selbst genug Aufmerksamkeit, damit du sie von außen nicht mehr brauchst.

Oder wenn du sie noch brauchst, mach es wie ich: Steh dazu! Denn dann findest du dich sogar mit deinen Macken gut. Und dann ... dann strahle!!!! Strahle mit dem, was in dir steckt. Auch die Macken können strahlen, wenn wir sie angenommen haben. Sei ein Licht für deine Mitmenschen. Du machst die Welt nicht besser, wenn du ständig nörgelst und dich selbst verurteilst. Du integrierst dich damit bloß in die Vielzahl derer, die auch so sind.

Steig aus und entscheide dich JETZT neu!

Ich für mich habe jedenfalls beschlossen, mein Licht nicht mehr hinterm Berg zu halten. Entweder du machst jetzt mit oder du lässt es bleiben.

Du entscheidest!

Inspiration Nr. 23

Tanze auf deiner Herzensbühne!

Vor Jahren hatte ich vor, mein Dasein als Coach mit Comedy zu verbinden und auf die Bühnen der Welt zu marschieren. Ich habe soooo groß gedacht, dass mein Schisser in mir auch soooo groß geworden ist. Und so begann ich, ein Bühnenprogramm zu schreiben, welches nie fertig geworden ist.

Kennst du das auch? Du willst irgendwas erreichen, was so groß ist, dass du selbst Angst davor hast?

Heute ist mir klar, dass das nicht funktionieren konnte. Wie soll jemand, der sich immer klein gefühlt hat, plötzlich eine solche Größe vertragen können?

Es ging nicht darum, auf die großen Bühnen der Welt zu marschieren. Das hätte ich eh nur der Aufmerksamkeit wegen getan. Weil ich gesehen werden wollte.

Es ging darum, meine eigene kleine Bühne des Herzens zu finden. Es ging darum, dass ich auf meiner Bühne tanze, auch wenn mir niemand zujubelt. Es ging darum, dass ich mir selbst genüge. Dass ich meine Bühne des Lebens nicht da draußen suche, sondern in mir finde. Dass ich verstehe, welcher Schatz ich bin, auch wenn keiner zuschaut und applaudiert. Es ging darum, mich selbst zu beklatschen. Es ist schön, sein eigener Star zu sein und sich über sich selbst freuen zu können. Und so paradox es auch klingen mag: Ich freue mich auch darüber, wenn ich in der Dunkelheit meine traurigen Gefühle zulassen kann. Auf der eigenen Bühne authentisch sein. Darum geht es. Der zu sein, der man ist, ohne sich selbst zu verurteilen.

Die eigene Bühne findet man aber nicht, indem man sich selbst ständig fragt, wie man sie findet.

Sie ist schon da.
Tu einfach, was dir Freude macht.
Täglich, immer und immer wieder.
Im Kleinen.
Ohne viel Tam Tam.
Ohne zu erwarten.
Ohne in die Ferne zu schauen.

Deine innere kleine Bühne
wird dann automatisch groß.

Inspiration Nr. 24

Umarmen statt schimpfen!

Wann hast du das letzte Mal offen über deine Gefühle gesprochen?

Wann hast du deine wahren Bedürfnisse geäußert?

Die meisten Menschen wollen etwas verändern. Sie nörgeln, machen anderen Vorwürfe und sagen ihnen, was sie besser machen könnten, damit die Welt um sie herum wieder schöner wird. Aber es beginnt alles bei einem selbst.

Was würde denn passieren, wenn du statt giftschlangenmäßigen Vorwürfen in einem Streit dem anderen sagst, was es mit dir macht? Wie du dich fühlst? Dass du verletzt bist, dass es dich traurig macht oder du andere Gefühle zuGIBST, die in dir ausgelöst werden?

Was ist denn so schlimm daran, zu sagen „Kannst du mich mal in den Arm nehmen, ich brauch das heute“, statt genervt und voll Groll durch die Welt zu gehen? Schlechte Laune ist doch meist nur ein Zeichen dafür, dass man sich selbst gerade nicht leiden kann. Und das einzig bekannte Mittel, das sich hier bewährt hat, ist: Dazu stehen!

Steig aus deinen Mustern aus. Zeig dich auch von der Seite, die du lieber verdrängst. Zeig dich mit deinen Gefühlen und nimm deine Masken ab. Es ist an der Zeit, echt zu sein.

Und falls du Menschen in deinem Umfeld hast, die mit sich gerade unzufrieden sind und die Welt verdammen: Steig nicht ein in ihre Muster, sondern habe Mitgefühl und verschenke eine Umarmung.

Umarmen statt zu schimpfen?
Umarmen statt auf Vorwürfe eingehen?
Umarmen, obwohl der andere nervt?
Ob das geht?
Probier es aus.

Du wirst sehen: Liebe irritiert ... und heilt!

Inspiration Nr. 25

Vergangenheit ist vorbei!

Verantwortung für sich selbst zu übernehmen bedeutet nicht, dass man sich die Schuld gibt für etwas, was man getan hat bzw. tut.

Viele von uns haben sich die Situationen, in denen sie heute stecken und die unzufrieden machen, unbewusst erschaffen. Und genau darum geht es: Zu erkennen, dass du dir dein Leben selbst erschaffst. Sowohl das Leid als auch die Freude. Das Leid meist unbewusst, weil du Muster von früher übernommen hast. Dir dessen bewusst zu werden, ist sehr befreiend.

Du darfst jetzt liebevoll mit dir umgehen und entscheiden, dass die Vergangenheit vorbei ist. Dass du nun genug gelitten hast und auf die Sonnenseite des Lebens wechselst. Dazu ist es wichtig, zu dir stehen. Zu dir und dem, was in dir steckt. Oftmals geht mit dieser Entscheidung einher, dass die verdrängten Gefühle endlich gefühlt werden dürfen. Dass die Masken fallen und nicht immer der/die Starke markiert werden muss. Hab davor keine Angst, denn genau das lieben die Menschen.

Werde aktiv in deinem Leben, damit innere Ruhe einkehrt. Gehe in Handlung. Im Leid ausgeharrt hast du nun lange genug.

Als Opfer suchst du Schuldige in deinem Umfeld, aber als Opfer kannst du nicht handeln. Und ohne Handlung kein Leben.

Nutze deine Vergangenheit als Sprungbrett und nicht als Sofa.

Inspiration Nr. 26

Wenn die Angst geht, kommt das Vertrauen!

Es ist so herrlich einfach, sich zu verleugnen und nicht zu sich zu stehen. Dann macht man keinem Ärger, versteht sich mit allen blendend und ist Everybody's Sunshine. Die Angst, andere Menschen zu enttäuschen, nicht mehr dazuzugehören oder hinterher alleine dazustehen, ist zwar eine Illusion, aber sitzt vielen im Nacken. Kein Wunder also, dass der Nacken sagt: „Ich kann nicht mehr!“, und schmerzt.

Je öfter wir uns selbst verleugnen, um anderen gerecht zu werden, desto mehr schreit unser Körper, weil wir über uns hinweggehen. Unser Herz schaltet den Körper dazwischen, damit wir uns wieder uns selbst zuwenden und verstehen lernen.

Wenn du JA sagst, dann meine auch JA.
Wenn du NEIN sagst, dann meine auch NEIN.

Die Kraft, die du aufwenden musst, um dich selbst über Wasser zu halten, wenn du dich verleugnest, steht nicht im Verhältnis zu der Kraft, die du brauchst, um der zu sein, der du wirklich bist.

Manchmal erscheint es dir noch so, dass es anstrengender ist, für dich einzustehen, als alles beim

Alten zu lassen. Aber je öfter du durch diese Angst durchgehst, desto mehr wirst du feststellen, dass jede Kraft sich lohnt. Sie führt dich ins Selbstvertrauen. Du wirst merken, dass plötzlich das Ergebnis nicht mehr wichtig ist. Viel wichtiger ist in diesen Prozessen, dass du zu dir stehst und dir selbst wieder in die Augen schauen kannst. Dein Blick in den Spiegel verändert sich täglich. Er wird liebevoller, verständnisvoller und zuversichtlicher.

Wenn die Angst aus deinem Haus geht, kommt das Vertrauen, und die Liebe findet automatisch ihren Platz.

Inspiration Nr. 27

Berge sind Einbildung!

Der Weg, auf dem ich mich befinde, ist geteert und flach. Das hab ich einfach mal so für mich beschlossen. Und das, obwohl ich schon die größten Berge des Universums erklommen habe.

Vielleicht kommen dir solche Sätze bekannt vor: „Ich habe schon so viel auf meinem Weg geschafft, aber jetzt hab ich das Gefühl, ich stehe kurz vor dem Gipfel und der letzte Schritt ist so schwer, dass ich ihn nicht schaffe."

Ja, so ging es mir auch. Lange Zeit hatte ich das Gefühl, immer vor irgendeinem Ende zu stehen. Vor dem Gipfel oder etwas anderem Unüberwindbarem. Und weißt du was? Solange ich so dachte, war es auch genauso. Denn wenn ich einen Berg in meinem Geiste so riesig darstelle und wenn der letzte Schritt so schwer ist, dann sei gewiss: Es wird so sein!

Eins weiß ich inzwischen ganz sicher: Es gibt keinen letzten Schritt. Es gibt auch kein wirkliches Ziel. Danach kommen noch viele weitere Schritte. Wieso also so ein Drama um einen Berg machen, wo gar keiner ist? Das ist doch alles nur Illusion und entspricht nicht der Wahrheit. Jeder von uns, der einen Berg sieht, macht ihn zum Berg. Er existiert nicht in der Realität, egal, welchen Weg wir beschreiten.

Genauso ist es mit Zweifeln. Zweifel sind für mich nur ein Hinweis darauf, dass ich meinen Rhythmus noch nicht gefunden habe. Also ist es okay, dass sie da sind. Sonst würde ich es ja gar nicht wahrnehmen können.

Fazit: Mein Denken macht die Dinge erst zu dem, was sie sind. Wo der eine einen geteerten Weg sieht, macht der andere einen Berg daraus. Wo der eine nur Schritte auf seinem Weg erkennt, nimmt der andere einen nicht erklimmbaren Gipfel wahr.

Werde dir bewusst, was du denkst und schaue, welchen Illusionen du dich beim Denken hingibst. Es ist erstaunlich, was wir rausfinden, wenn wir das genauer beobachten und vor allem: Wenn wir es in Frage stellen.

Inspiration Nr. 28

Du bist wunderbar!

Man sagt meinen Texten immer eine gewisse Einfachheit nach. Ganz ehrlich: Ich kann auch gar nicht kompliziert. Bei Wissensspielen würde ich sang- und klanglos untergehen. Es sei denn, es würden irgendwelche Sinnfragen fürs Leben kommen.

Für mich weiß ich, wie unwichtig mein Zeugnis aus der Schule ist. Deshalb hab ich mich auch getraut, es in meinem ersten Buch zu veröffentlichen. Weil ich dazu stehe. Ich wusste irgendwie schon immer, auch wenn ich lange Zeit etwas anderes gelebt habe, dass ein offenes Herz die Menschen mehr bereichert als Wissen, mit dem ich glänze.

In der Schule des Lebens kenne ich mich aus, da bin ich zu Hause, da gefällt es mir auch. Wieso die Schule wechseln? Anderen zuliebe? Nein, ich bleibe so wie ich bin. Einfach eben ...

Wenn deine Kinder also mal schlechte Noten mit heimbringen, dann vertraue darauf, dass auch sie ihren Weg gehen. Wie ich schon ein paar Seiten zuvor schrieb: Umarmen statt schimpfen. Die meisten Kinder hören dann ein fauchendes „Wie konnte das denn passieren?“ oder „Hast du nicht aufgepasst?“ oder „Hast du denn nicht genug gelernt?“ und manche werden sogar mit Taschengeldentzug oder Hausarrest bestraft. Die Botschaft, die ein Kind in diesem Moment nährt, heißt: „Obwohl du eine Fünf geschrieben hast, liebe ich dich so, wie du bist."

Die Schule tut schon genug dazu, dass die Kinder in einer - und für eine - Leistungsgesellschaft erzogen werden. Nach dem Motto: „Wenn du etwas leistest, bist du wer!" - und in meinen Augen entspricht das einfach nicht der Wahrheit. Deshalb tue ich persönlich alles dafür, Kindern das Gefühl zu geben, dass sie gut sind, wie sie sind. Egal wie es um sie herum aussieht.

Kinder, die geliebt werden, werden zu Erwachsenen, die lieben. Und wenn du schon erWACHsen bist, dann darfst du dich nun deiner verletzten Kinderseele liebevoll zuwenden.

CD-Empfehlung von Susanne Hühn:
„Dein inneres Kind - Meditation zur Heilung der Seele"

Inspiration Nr. 29

Genug gekämpft!

Die Wege, die gegangen werden, sind vielleicht unterschiedlich. Aber letzten Endes kommen wir alle an einen Punkt: Wir erkennen, wer wir wirklich sind, welche Göttlichkeit in uns steckt. Wir reißen unsere Mauern ein und öffnen das Herz. Wir lassen die Liebe leben und zeigen uns mit dem, was in uns steckt. Wir freuen uns über den Erfolg anderer, weil wir wissen, dass für alle reichlich da ist. Wir vertrauen uns selbst und dem Leben.

Die Kriegszeit ist vorbei.
Das Zeitalter der Liebe wurde eingeläutet.
Wir haben genug gekämpft in unserem Leben.

Entscheidest du dich dennoch für den Krieg, werden auch immer Menschen da sein, die mit dir kämpfen. Die äußeren Kriege spiegeln deine Kriege im Inneren.

Entscheidest du dich jedoch für die Liebe, wirst du sehen, wie viele Menschen dich umgeben, deren Herzen bereits leuchten. Es wirkt das Gesetz der Anziehung.

Und selbst wenn du noch nicht alles leben kannst, obwohl du dich für die Liebe entschieden hast, wirst du bereits Dinge in deinem Leben vorfinden, die dir zeigen, dass die Welt nicht so böse ist, wie du bisher dachtest. Es hängt alles von deiner Entscheidung ab.

Triff sie jetzt!
Warte nicht.

Leg deine Waffen nieder und streif deine Rüstung ab. Erst dann wirst du merken, wie dein Herz langsam aber sicher wieder hüpfen lernt … deine Gefühle auftauen und du lebendig wirst.

Inspiration Nr. 30

Liebe und achte dich!

Kürzlich bekam ich die Frage gestellt, wie ich es geschafft hätte, mich selbst zu lieben, so wie ich bin. Ob ich dafür eine Diät gestartet hätte. Und da ich eh schon länger mal was dazu schreiben wollte, mach ich es einfach. Es soll ja noch ein paar Menschen auf dieser Erdkugel geben, die - genauso wie ich - ein paar Kilogramm mehr auf den Rippen haben. Und ich sag es sofort: Ich zieh mich jetzt aus. Wer also meine Orangenhaut nicht sehen möchte, sollte weiterblättern!

Immer, wenn ich glaube, dass ich nur glücklich sein kann, wenn ich schlank bin, weiß mein Herz: Das ist Blödsinn! Und dann gelingt es mir in der Regel inzwischen recht flott, umzuschalten. Weil ich mir bewusst mache: Es entspricht einfach nicht der Wahrheit. Selbst wenn es mal Momente gibt, wo mein Kopf denkt, er müsse mir irgendwelche alten Sachen diktieren, weiß ich: Mein Herz kennt die Wahrheit. Ich verurteile mich also an solchen Tagen nicht mehr so, wie ich es früher tat.

Ich habe Verantwortung für mich übernommen. Was nichts anderes heißt als: Ich weiß, dass ich mir mein Leben so erschaffen habe, wie es jetzt ist - und es auch weiterhin erschaffe. Ich habe also auch die

Verantwortung für mein Gewicht. Sicherlich habe ich in meiner Vergangenheit oft aus Unwissenheit gehandelt. Aus dem Unbewussten. Ich verurteilte mich stets für alles - für jede Schokolade - für jede Packung Chips - für alle Kohlenhydrate am Abend. Ach, im Grunde genommen für alles, was nicht in meinen Essensplan passte. Und da passte nie viel rein. Was heißt: Ich konnte mir selbst nie gerecht werden. Ergo: Keine Selbstliebe!

Es geht hierbei nicht um die Schuldfrage, sondern um Selbstverantwortung. Wenn ich selbstverantwortlich handle, stehe ich in meiner Kraft, die mich in der Gegenwart aus meinem Potential schöpfen lässt. Die Vergangenheit ist vorbei und alle Menschen, die in meinem Leben vorkamen, einschließlich mir selbst, haben nach bestem Wissen und Gewissen gehandelt.

Da ich ja immer noch viel Schwungmasse habe, könnt ihr davon ausgehen, dass ich auch heute noch Schokolade esse. Na und? Es ist eben jetzt (noch) so.

Fazit: Der Unterschied zu früher besteht nicht im Essen selbst, sondern darin, dass ich mich nicht mehr fürs Essen verurteile. Und so gehe ich Schritt für Schritt auf meinem Weg … ohne genau zu wissen, wo er mich hinführt. Ich vertraue darauf, dass alles seinen Sinn hat. Und wenn ich die Schnauze voll hab, ändere ich eben was.

Inspiration Nr. 31

Vertrauen hilft beim Helfen!

Manchmal kommen Menschen auf uns zu, die Hilfe suchen. Meistens neigen wir dazu, ihnen mit Worten des Trostes oder guten Ratschlägen helfen zu wollen.

Kürzlich durfte ich selbst die Erfahrung machen, als ein Freund nicht ans Telefon ging, weil er wusste, mit welchem Problem ich anrief und mir dann schrieb: „Ich mag dich jetzt lieber damit allein lassen.“

Das hört sich vielleicht im ersten Moment hart an, aber ich verstand sofort seine Botschaft. Er vertraute mir und glaubte, dass ich die Lösung selbst finden würde – weil ich wusste, was ich zu tun hatte. Und genau in diesem Moment schaltete ich vom Problem- in den Lösungsmodus und merkte, wie mein Herz wieder anfing zu sprechen, obwohl ich vorher in meinen eigenen Emotionen „gefangen“ war.

Vertrauen in eine andere Person zu haben ist manchmal das größte Geschenk, das wir jemandem machen können. Zumindest habe ich es im Nachhinein so empfunden.

Sicherlich passt es nicht immer, aber eins ist mir sehr klar: Wir helfen niemandem, wenn wir etwas für den anderen tun, was er selbst tun kann. Manchmal untergräbt man damit auch die Würde des anderen und macht genau das Gegenteil von dem, was das eigentliche Ziel ist. Nämlich helfen.

Wenn ich mir Sorgen mache, Angst um jemanden habe und für den anderen am liebsten die Probleme lösen will, unterstelle ich ihm unbewusst: Ich glaube nicht, dass du das selbst kannst. Und das schwächt den anderen.

Wenn ich jedoch glaube, dass er es selbst schafft, gebe ich ihm ein Gefühl von innerer Stärke. Ich vertraue ihm, obwohl er sich selbst gerade nicht vertraut. Und das stärkt.

Inspiration Nr. 32

Beende das Opfer-Täter-Spiel!

„Wie kann ich Vertrauen lernen? Ich wurde so oft ausgenutzt und missbraucht!“

Solange du andere Menschen beschuldigst, sie hätten dir etwas angetan, bist du in der Opferrolle.

Solange du glaubst, andere Menschen wären für dein Leid verantwortlich, wirst du aus dem Kreislauf als Opfer nicht aussteigen können.

Solange du glaubst, es gäbe Schuldige, legst du dir mit deinen Gedanken selbst die Fesseln an. Die Macht hat jeder, dem du die Schuld gibst.

Wenn du aussteigen willst aus dem Kreislauf des Missbrauchs und Leids, musst du dieser Wahrheit ins Auge blicken. Du hast, wenn auch völlig unbewusst, diese Menschen in dein Leben gezogen. Ohne Opfer gibt es keine Täter, ohne Täter keine Opfer. Das ist ein Spiel. Erst wenn du erkennst, dass es ein Spiel ist und du eine Rolle spielst, kannst du es beenden. Der eine ist vom anderen abhängig. Dieses Spiel lebt nur weiter, wenn beide mitspielen. Wenn du freudvoll leben willst, brauchst du diese Erkenntnis, um aussteigen zu können.

Für mich gab es zwei Phasen, die ich durchlebte, während ich mich aus Abhängigkeiten löste.

Phase 1: Ich habe meine Gefühle gelebt.

Ärger, Groll und Wut, alles durfte sein. Zeitweise habe ich sogar andere Menschen gehasst für das, was sie mir angetan haben. Und das war wichtig. Endlich hatten meine Gefühle Berechtigung. Ich durfte mal schlecht über andere denken. Ich habe mir erlaubt, was ich jahrelang unterdrückt hatte. Ich habe geweint, in der Natur mit meinen Walkingstöcken um mich geschlagen, ins Kissen geschrien, mein Handtuch an die Duschkabine geschlagen und die Aggressionen raus gelassen, die sich über Jahre angestaut hatten. Und peu à peu wurde es ruhiger in mir …

Phase 2: Ich habe verziehen.

Ich habe mir immer wieder die Ruhe und Zeit genommen und drei Vergebungs-Sätze gesagt:

1. Ich vergebe dir für das, was du mir angetan bzw. unterlassen hast.
2. Ich gebe dir die Erlaubnis, mir zu vergeben, was auch immer es ist, das ich getan oder unterlassen habe.
3. Ich vergebe mir selbst für das, was ich mir körperlich und emotional angetan habe.

Bei mir persönlich war es der dritte Satz, der mir immer wieder Tränen in die Augen trieb.

Passende Buchempfehlung von Hans-Peter Röhrig: „Wege aus der Abhängigkeit - Destruktive Beziehungen überwinden."

Inspiration Nr. 33

Gib dir die Erlaubnis!

Kennst du das auch? Du hast irgendwelche verurteilenden Gedanken über dich selbst und hast das Gefühl, sie nicht abstellen zu können?

Ich gebe dir ein paar praktische Beispiele:
Bei mir selbst kommt ab und an noch ein „Ich bin zu dick“ in meine Gedanken. Ein „Ich bin dünn“ würde nicht meiner Wahrheit entsprechen und ich könnte dazu kein Gefühl entwickeln. Und dann würde ich mich selbst verarschen. Das geht also nicht. Also brauche ich eine andere Lösung. Was ich inzwischen für mich gelernt habe, mir die Erlaubnis einzuräumen und damit die Selbstverurteilung sofort abzustellen. Ich sage also dann für mich in Gedanken „Ich erlaube mir, glücklich zu sein.“ Damit lasse ich alles offen. Wichtig ist mir inzwischen einfach nur, mich nicht mehr für alles zu verurteilen und den inneren Druck rauszunehmen. Mit der Erlaubnis öffne ich die Tore für alles. Es geht mir also schon länger nicht mehr darum, dünn zu sein, sondern glücklich leben zu können und nicht das eine vom anderen abhängig zu machen.

Es gibt da noch einen Gedanken, der öfter auftaucht. Meistens kann ich ihn einfach ziehen lassen, aber oft klebe ich auch daran und merke nicht, wie dieser Gedanke von mir Besitz ergreift. Ich habe ja bekanntlich auch noch Macken, die ich mittlerweile ganz lieb gewonnen habe. Jetzt bin ich mir aber nicht sicher, ob auch ein Mann sie lieb gewinnen könnte. Und dann fang ich an, verkorkst zu denken. Und so schiebe ich gedanklich jeden Mann in die Ferne, weiter, als mir eigentlich lieb ist. Deshalb habe ich mir einen neuen Gedanken erschaffen. Er lautet: „Ich öffne mich für den Partner, der zu meinem Herzen passt."

Vielleicht gehörst du zu den Menschen, die derzeit unglücklich sind im Beruf? Du kannst dich nun ständig dafür verurteilen, dass du es immer noch nicht geschafft hast, Entscheidungen zu treffen, weil du nicht weißt, was dir mehr Freude bringen könnte und so in deinem alten Zirkus rumhängst. Du könntest aber auch akzeptieren, dass es jetzt (noch) so ist und einen neuen Gedanken zulassen: „Ich öffne mich für die Arbeit, die mein Herz tanzen lässt."

Aus eigener Erfahrung kann ich sagen: Es entspannt ungemein, das Herz zu öffnen und sich die Erlaubnis zu geben, die Fülle des Lebens zu empfangen. Egal in welchem Bereich des Lebens.

Jeder erschafft sich damit seine eigene Realität.

Inspiration Nr. 34

Du bist eine Seele in einem Körper!

Wer bist du?
Wieso bist du hier?

Diese Sinnes-Fragen stellte ich mir, als ich mich aus Abhängigkeiten löste, die mich lange Zeit ausgebremst hatten. Es kam langsam aber sicher etwas ans Tageslicht, was ich nicht richtig zu packen bekam. Mehr als ich mit meinem bloßen Auge sehen konnte. Es war etwas, was ich nur spüren konnte. Ich hatte und habe immer noch keine vernünftigen Worte dafür. Irgendwie wusste ich auf einmal: Das, was du bist, ist nicht das, was du bisher glaubtest zu sein. Es ist viel mehr als das, viel wundervoller.

Ich reduzierte mich sehr lange auf meinen Körper. Denn er war immer füllig. Und egal wie: Meine Identifikation ging ausschließlich übers Dicksein. Dementsprechend viel Macht hatte mein Körper über mich und über meinen Geist. Denn an allem, was mir Schlimmes im Leben widerfahren war, war letzten Endes mein dicker Körper schuld.

Und genau diese Überzeugungen kippten auf dem Weg der Selbstfindung und Selbstliebe. Ich stellte mir folgende Fragen: Bist du wirklich ein Körper, der eine Seele hat? Oder bist du eine Seele, die einen Körper hat?

Diese Fragen stellten in mir so einiges auf den Kopf - und irgendwann war ich bereit, meine ganzen Überzeugungen, die ich mein Leben lang gelebt hatte, aufzugeben. Ich ließ mich darauf ein, zu erfahren, wieso meine Seele hier war. Und dann eröffneten sich ungeahnte Tiefen. Es fühlte sich an, als würde ich mein Herz zu fassen bekommen. Als wüsste ich plötzlich, was ich hier soll. Mein Körper wurde gedanklich zu einer Hülle, die ich geschenkt bekommen habe, um mit meiner Seele diese Reise hier auf Erden zu machen. Neal Donald Walsh bringt es für mich auf den Punkt:

„Ihr seid nicht auf diesem Planeten, um irgendetwas mit eurem Körper, sondern um etwas mit eurer Seele herzustellen. Euer Körper ist lediglich das Werkzeug eurer Seele. Euer Geist ist die Kraft, die den Körper in Bewegung setzt.“

Auch wenn es sich jetzt befremdlich anhört: Ich glaube, das ist der Grund, wieso ich mich mit dem Tod anfreunden konnte. Ich glaube nicht mehr, dass danach alles vorbei ist, sondern dass die Seelen weiterfliegen. Wohin auch immer. Dass sie weiter existieren und uns hier und da auch besuchen. Es gibt etwas zwischen Himmel und Erde, wofür es keine Worte gibt.

Buchempfehlung: „Die Flügel sind die meinen“ von einem Herzmenschen Michael Roth. Danke dir für alles.

Inspiration Nr. 35

Nicht entweder - oder, sondern sowohl - als auch!

Neulich sagte jemand zu mir: „Ich wünschte, ich wäre so selbstbewusst wie du!"

Und ich dachte mir so: Wie jetzt? Ich? Wie kommt diese Person darauf, das zu sagen? Habe ich eine solche Wirkung im Außen? Oder was?

Daraufhin hab ich einfach mal näher auf das Wort geschaut: SELBST-BEWUSST-SEIN. Und dann wurde mir recht schnell klar: Ja, stimmt - ich bin mir meiner selbst bewusst. Meiner Stärken UND meiner Schwächen.

Wenn also jemand glaubt, ich sei immer nur stark, Pustekuchen! Ich bin stark - und ich bin auch schwach. Ich bin beides.

Nicht entweder - oder,
sondern sowohl - als auch.

Wenn du also mehr Selbstbewusstsein haben möchtest, dann solltest du in meinen Augen nicht daran arbeiten, nur noch stark sein zu wollen und nach außen zu glänzen, denn damit trennst du dich genau von dem, was von Natur aus in dir steckt. Du willst dich dir selbst annähern - und entfernst dich stattdessen immer weiter weg.

Es geht darum, die Seiten anzunehmen, die man lieber weghaben will.

Es geht darum, die dunklen Anteile zu integrieren, sie in die Liebe zu nehmen, damit Heilung in uns geschehen kann.

Es geht darum, der zu sein, der man ist - und nicht der, der man sein will.

Wenn du dir deiner selbst bewusst bist, zeigst du dich mit deiner ganzen Vielfalt an Gefühlen: Verletzlichkeit und Freude, Angst und Vertrauen, Traurigkeit und Liebe. Obwohl es dann für dich normal ist und du überhaupt nichts Besonderes mehr darin siehst, sehen die anderen genau darin das Besondere.

Und das ist der Moment, in dem du zu einem Menschenmagneten wirst. Du ziehst Menschen an, weil du einfach „nur" DU bist. Nicht mehr und auch nicht weniger. Manche machen es sich so schwer, obwohl es so einfach ist.

Falls dein Kopf gerade ein „Ja, aber" auf Lager hat, richte ihm schöne Grüße von mir aus. Er kann vertrauen. Wenn das Herz die Regie übernommen hat, braucht er nicht mehr viel tun. Er soll sich eine Hängematte besorgen, er hat genug geleistet in seinem Leben. Zeit sich auszuruhen.

Inspiration Nr. 36

Glück ist jetzt!

„Ich bin glücklich!“

Wann hast du diesen Satz das letzte Mal gesagt? Also bei mir war es vor kurzem. Mit dem Bewusstsein, dass ich ihn fast 30 Jahre lang gar nicht gesagt hatte. Verrückt oder?

Heute glaube ich zu wissen, womit das zusammenhängt. Weil ich immer dachte, Glück sei von irgendwas abhängig. Entweder vom Geld oder vom Gewicht oder davon, dass mich alle lieb haben oder oder oder. Ich dachte, ich könne nur glücklich sein, wenn ... - und genau das war eine Illusion! Dieser Gedanke hat mich davon abgehalten, glücklich zu sein.

Natürlich ist mir heute bewusst, dass ich damals die äußeren Stimmen zu meinen inneren gemacht hatte - und so war ich irgendwann davon überzeugt, dass ich mich ändern musste, um zu genügen.

Ja, gut genug sein.
Aber für wen?
Für andere!
Nicht für mich.

Ich habe also immer versucht, etwas zu werden, was ich nie war. Nur weil andere es so haben wollten. Und damit verhinderte ich, glücklich zu sein. Denn glücklich kann ich nur sein, wenn ich voll und ganz ich selbst bin.

Und weißt du, was total verrückt ist? Als ich vor drei Jahren umzog, tapezierte ich mein Wohnzimmer und ließ mir ein Wandtattoo machen. „Ich bin ein Glückspilz" steht darauf. Das hatte auch einen Grund. Ich verband damit ganz viel Leichtigkeit, die ich zu dem Zeitpunkt noch nicht gespürt hatte. Heute liege ich auf meinem Sofa, sehe die Wand und denke: STIMMT! Ich bin ein Glückspilz. Ich gehe sogar noch weiter: Ich bin Glück. Ich bin Liebe. Ich bin Leben. Ich bin so viel. All das ist in mir.

Wie ich dorthin gekommen bin? Schau ins Kapitel: „Gib dir die Erlaubnis!" Das ist des Rätsels Lösung.

Öffne dich für dein eigenes Glück, für deinen eigenen Weg, für dein Leben - und erlaube dir, dass alles in dein Leben treten darf. Auch wenn das nicht sofort geschieht, erlaube es dir immer und immer wieder.

Öffne deinen Geist und die Materie wird folgen. Automatisch!

Inspiration Nr. 37

Hilflose Gefühle sind Vergangenheit!

Wer kennt das nicht?

Obwohl wir eigentlich gestandene Persönlichkeiten sind, gibt es Situationen, in denen wir hilflosen Gefühlen ausgeliefert sind, die in uns wüten. Wir werden laut, obwohl wir eigentlich die Ruhe in Person sind. Wir schweigen, obwohl wir eigentlich kein Problem damit haben, unsere Meinung zu sagen. Wir erkennen uns nicht wieder, weil irgendetwas passiert, was Emotionen auslöst, die uns in dem Moment fremd sind. Als würden sie nicht zu uns gehören.

Für mich war es sehr befreiend, als ich diesen Gefühlen nachging und erfuhr, dass es sich bei ihnen schlicht und ergreifend um die innere kleine Kerstin handelte, die irgendwann verletzt worden war und diese Gefühle noch gespeichert hat. Diese Tatsache ermöglichte es mir, aus meinem Emotionskarussell auszusteigen, um mich selbst wieder beobachten zu können.

Wenn du den Eindruck hast, als wärst du deinen Gefühlen gegenüber machtlos, schau genauer hin. Was löst diese Gefühle aus? Kennst du dieses Gefühl von früher? Meistens finden wir darauf intuitiv ganz schnell eine Antwort. Oftmals läuft da viel im Unbewussten ab, sodass es uns nicht möglich ist, einzugreifen. Aber jetzt, wo du Bescheid weißt, kannst du in Zukunft diese Situationen aus einer anderen Perspektive betrachten. Du kannst dich liebevoll deinem inneren verletzten Kind zuwenden. Übernimm als ErWACHsener Verantwortung für das kleine Kind in dir. Es braucht dich in solchen Momenten mit all deiner Liebe und Zuwendung. Das ist nämlich genau das, was damals fehlte, als es verletzt wurde. Heute kannst du dich selbst beschützen, für dich da sein und somit alte Wunden heilen.

Alleine das Bewusstwerden dieser Tatsache hat mir schon geholfen. Zusätzlich gibt es auch viele tolle Bücher und Meditations-CDs zur Heilung des inneren Kindes, die hilfreich sind.

Inspiration Nr. 38

Vertraue Gott!

Hat schon mal jemand über das Wort „Gottvertrauen“ nachgedacht? Immer dann, wenn wir dem Leben oder uns selbst aus tiefstem Herzen vertrauen, nennt man das Gott- oder auch Urvertrauen. Und wieso? Weil wir uns dann einlassen. Auf uns selbst. Auf das Leben. Denn jeder von uns trägt das Göttliche in sich.

Einige sagen von sich, dass sie sich selbst nicht vertrauen können oder dass der Kern noch von Müll zugeschüttet ist. Ja, im Laufe unseres Lebens entfernen wir uns manchmal immer weiter von uns weg. Wir übernahmen Muster, die uns in der Kindheit auferlegt wurden. Wir überlagerten unsere Herzensstimme mit äußeren Stimmen der Eltern, Großeltern, Lehrer, etc. Und wir dämmten so das Licht in uns mehr und mehr ein, weil wir uns selbst verleugneten.

Aber das heißt nicht, dass es fort ist. JEDER trägt dieses helle Licht in sich. Und manchmal, wenn es ganz dunkel um uns herum geworden ist, nehmen wir wieder einen Strahl wahr. Dann leuchtet es erneut still und leise.

Gottvertrauen empfinden wir meist dann, wenn wir etwas tun, was uns leicht fällt, uns einfach von der

Hand geht. Wenn wir denken, wir müssten uns nicht anstrengen. Dann, wenn wir einfach sind.

Wenn wir unsere Talente, unsere Stärken, unsere Begabungen leben, die uns quasi „von Gott gegeben" wurden. Kein Wunder, dass wir dann mit dem Göttlichen in uns verbunden sind.

Deshalb frage dich, was dir leicht fällt. Was dir gut tut. Was einfach da ist. Und dann ... dann tu es. Egal wie absurd es dir erscheint. Lass dich darauf ein, ohne zu wissen, was rauskommt.

Je mehr ich vertraute, desto weniger plante ich. Und je weniger ich plante, desto mehr ungeplant Erfreuliches passierte. Dem Leben oder Gott vertrauen bedeutet nichts anderes, als dem Ruf deines Herzens zu folgen und wieder zu vertrauen. Schau dir die Kinder an, die wissen, wie es geht.

Auch ich habe mich drauf eingelassen. Was nicht heißt, dass es immer einfach war. Mein Kopf hatte manchmal tausend Gründe, aus dem Vertrauen wieder auszusteigen, zu zweifeln, in altes Denken zu verfallen oder der Angst treu zu bleiben.

Aber dein Herz kennt die Antwort.
Du darfst ihm wieder vertrauen.

Inspiration Nr. 39

Einsamkeit ist eine Illusion!

Viele Menschen fühlen sich heutzutage einsam. Das Gefühl der Einsamkeit spiegelt das tiefe Bedürfnis nach etwas, was uns vollkommen macht. Jeder will sich ganz fühlen können … voll und ganz angenommen.

Es werden fehlende Puzzlestücke gesucht, die uns als Kind genommen wurden, indem mehr kritisiert als gelobt wurde. Durch Kritik passen sich Kinder an, um zu gefallen und gerecht zu werden. Sie brauchen die Aufmerksamkeit der Erwachsenen. Nur so können sie überleben. Wir werden in einer Leistungsgesellschaft erzogen, in der man nur etwas wert ist, wenn man etwas leistet. Je stärker jemand in der Kindheit abgelehnt wurde, desto stärker ist der Drang danach, diese Ablehnung, die sich irgendwann gegen einen selbst richtet, zu reparieren. Es ist eine Trennung von der eigenen Persönlichkeit.

Wer sich einsam fühlt, der hat die Verbundenheit mit sich selbst verloren, und somit auch mit den Menschen, der Natur - und letzten Endes mit dem Leben. Dabei ist alles vorhanden.

Elvis Löwenhagen brachte es für mich auf den Punkt, als er schrieb:

„Lebe ich Liebe, finde ich Gründe die FÜR den anderen sprechen, lebe ich Hass, finde ich Gründe die GEGEN ihn sprechen. Liebe schafft Verbindung, Hass Trennung. Dies steht im Zusammenhang mit allen Lebewesen inklusive einem selbst!"

Wie so oft geht es auch hier darum, sich selbst wieder zu spüren. Bei mir funktioniert das meist in Sekunden, indem ich mir einfach ein paar Minuten Zeit schenke. Du wirst dich nicht auf dich selbst einlassen können, wenn du dir in deinem Terminkalender alles vollballerst. Den Zugang zu deinem Herzen findest du, wenn du still bist.

Ich setze mich beispielsweise auf Anregung von Robert Betz ruhig hin und sage mir innerlich: „Alles darf jetzt sein!" Dazu atme ich tief ein und aus. Immer wieder sage ich diesen Satz und atme. Manchmal kommen mir die Tränen, manchmal nehme ich einfach nur wahr.

Wenn du dich selbst spüren möchtest, musst du dich auf dich selbst einlassen können. Denn alles, was nicht in der Mitte der Brust entspringt, ist letztlich eine Illusion, die Schmerzen bereitet und Leid verursacht. Wenn du die Reise zu deiner eigenen Mitte antrittst, wirst du fühlen können, dass alles eins ist. Jeder, der seine Mitte spürt, weiß ganz genau, ohne dass es wissenschaftlich bewiesen werden muss, jede Form von Trennung ist eine Täuschung, die uns nur unser Kopf einreden will. Die Frage ist jetzt: Auf welche Stimme hören wir?

Inspiration Nr. 40

Mach deinen Spiegel zum Freund!

Was siehst du, wenn du in den Spiegel schaust?
Was denkst du?
Hast du dich dabei schon mal beobachtet?
Ist dir bewusst, was du denkst?
Sind es selbstvernichtende Gedanken?

Viele Menschen misshandeln sich verbal im Geiste und somit emotional Tag für Tag, ohne es zu merken. Sie reden in Gedanken schlecht über sich und fügen sich damit, oft unbewusst, seelische Schmerzen zu.

Wenn du das nächste Mal am Spiegel vorbeigehst, bleib stehen. Schau dir in die Augen und beobachte deine Gedanken. Lass sie nicht unbewusst an dir vorbeiziehen. Und dann entscheide dich für einen NEUEN Gedanken, wenn du merkst, dass du dich selbst demütigst.

Wenn es sich für dich nicht authentisch anfühlt, das Gegenteil von dem zu denken, was du bisher dachtest, biete ich dir hiermit ein paar Sätze an, die vielleicht stimmiger für dich sind:

„Ich öffne mich für die Liebe in meinem Herzen!"
„Ich gebe mir die Erlaubnis, glücklich zu sein!"

„Obwohl mir xxx an mir nicht gefällt, liebe und achte ich mich!“

„Trotz meiner Schwächen darf mein Herz die Regie übernehmen!“

Du wirst deine Sätze finden, mit denen du dich liebevoll(er) betrachten kannst. Sei dir bewusst, dass alles, was in dir schlecht über dich denkt und redet, äußere Stimmen sind, die du irgendwann zu deinen inneren gemacht hast.

Du hast diese Gedanken,
aber du bist nicht deine Gedanken.

Dein Herz weiß, wie wunderbar du bist! Öffne dich für dein wahres Ich und verzeihe dir alles, was du dir emotional und körperlich bis heute angetan hast. Lass dein Herz ans Tageslicht, es sehnt sich danach, wieder leuchten zu dürfen.

Der wichtigste Mensch in deinem Leben ist der, den du täglich im Spiegel siehst. Ehre und achte ihn wie keinen anderen. Wenn du dich selbst zum Freund hast, wirst du in deinem Leben nie mehr allein sein.

Inspiration Nr. 41

Nimm deinen Thron ein!

Andere Menschen haben nur so viel Macht über deine Gefühle, wie du ihnen gibst. Sie können deinen Thron nur einnehmen, wenn du ihnen diesen überlässt. Sie können dich nur beherrschen, wenn du dich beherrschen lässt.

Das passiert meistens dann, wenn wir uns selbst nicht gut genug sind. Wenn wir unseren eigenen Wert unter den Scheffel stellen. Dann glauben wir, andere Menschen so dringend zu brauchen, dass wir uns anpassen und sie in unser Leben zerren, wo sie dann mit uns machen können, was sie wollen. Wir haben Angst, allein dazustehen und nehmen lieber in Kauf, einen Menschen zu haben, unter dem wir leiden, als gar keinen. Und so entstehen Symbiosen aus Menschen, die sich selbst Schmerzen zufügen bzw. zufügen lassen. Oft emotional, manchmal aber auch körperlich.

Für mich war es ganz wichtig zu verstehen, dass ich mindestens 50% der Verantwortung trage, wenn andere Menschen die Macht über meine Gefühle haben. Deshalb war mir auch irgendwann klar, dass ich in der Lage bin, die Situation so zu verändern, dass es mir gut geht.

Und genau an dieser Stelle scheiden sich die Geister. Bist du in deiner Welt Bettler oder König?

Wenn du noch ein Bettler bist und in deinem Leben andere über dich bestimmen lässt, gibt es nur einen Weg, deine Würde zurückzubekommen: Stehe für dich ein! Ohne Wenn und Aber, mit aller Konsequenz. Gehe durch die Ängste, sie zeigen dir den Weg!

Wenn du den Mut hast, Beziehungen aufs Spiel zu setzen oder andere zu enttäuschen, damit du in deinem Reich wieder der König wirst - und dir selbst treu bleibst, dann wirst du merken, wie sich die Karten völlig neu mischen.

Wer das Königreich in sich entdeckt hat, wird automatisch die Fülle des Lebens anziehen. Innen wie außen. Draußen finden wir immer nur Spiegel unserer selbst. Deshalb ärgere dich nicht über die Menschen, die auf deinem Thron sitzen, sondern kümmere dich darum, ihn wieder selbst einzunehmen. Sie zeigen dir bloß, wo er ist.

Inspiration Nr. 42

Irgendwie geht nicht mehr!

„Es wird schon irgendwie weitergehen."

Irgendwie? Ja, sicher wird es irgendwie weitergehen. Das geht es immer. Und wahrscheinlich ging es das auch schon Jahre lang. Oder nicht? Aber mal unter uns: Dient dieses IRGENDWIE nicht bloß der Bequemlichkeit? Kann es sein, dass du Angst davor hast, der Realität ins Auge zu blicken? Hast du Angst davor zu handeln? Hast du Angst, etwas zu verlieren? Ist es die Angst vor Ablehnung, die dich alles „irgendwie" ertragen lässt?

Ich bin sicherlich ein aktiver Mensch mit Pfeffer im Hintern und darf eher lernen, allem seinen Lauf zu lassen und zu vertrauen. Ängste, die mich ständig bremsen, hab ich auch genug in meinem Leben gehabt. Am stärksten war die Angst vor Ablehnung, die dazu führte, dass ich mich selbst verleugnete und gefällig war.

Heute ertrage ich noch kurz, wenn ich merke, dass es mir in Situationen nicht gut geht, aber ich gucke nicht mehr ewig dabei zu, wie ich selbst verkümmere. Die Zeiten sind um.

Manchmal musste ich auch hohe Preise zahlen, wenn ich der Realität ins Auge blickte und gehandelt habe.

Wofür ich das tat?
Für mich.
Damit ich mich selbst lieben kann.
Damit ich in meine innere Freiheit komme.

Ich habe für mich gehandelt. Und nicht gegen andere, auch wenn das manchmal so empfunden wurde. Ich weiß heute: Ich bin verantwortlich für meine Gefühle - und nicht für die Gefühle der anderen.

Und immer wieder, wenn ich mir das klar mache, mindert das die Angst. Manchmal verschwindet sie sogar. Weil ich weiß, dass ich zu mir stehe. Je öfter ich durch diese Angst ging und dem IRGENDWIE in die Augen schaute, desto öfter sagte ich, was ich fühle – und dachte aus tiefster Überzeugung: Das Ergebnis ist nicht wichtig. Wichtig ist, dass ich zu mir stehe und nicht mehr (er)trage, was schon lange auf meinen Schultern lastet.

Inspiration Nr. 43

Bleib dir treu!

Nicht alle Menschen werden jubeln, wenn du dich persönlich weiter entwickelst und in eine andere Richtung gehst. Es werden sogar welche dabei sein, denen das ganz und gar nicht gefällt. Sie werden versuchen, dich zu bekehren, damit du der/die Alte bleibst. Das war doch immer so schön.

Schön für die anderen,
für dich aber nicht!

Wenn du dich mit dem zeigst, was du bist, und zu dir stehst, kann es sein, dass andere dir das nicht gönnen. Manche fühlen sich von dir im Stich gelassen, weil du nun nicht mehr den Weg gehst, den sie für dich vorgesehen hatten, sondern deinen eigenen. Da viele aber nicht über ihre Gefühle sprechen können, werden sie es dich vielleicht auf unschöne Art spüren lassen. Weil sie keine andere Lösung für sich kennen.

Und was machst du?
Bist du dann wie ein Fähnchen im Wind
oder stehst du weiterhin zu dir?
Nur, wer gut geerdet ist,
wird sich selbst treu bleiben können.

Wie das geht? Es gibt viele Möglichkeiten sich zu erden. Im Grunde genommen ist es ganz einfach. Schließ die Augen und nimm wahr, wie deine Füße auf der Erde stehen. Wie fest sie auf der Erde stehen. Wie gut dein Stand (im Leben) ist. Es ist egal, wie oft und wie lange du das machst. Aber mach es!

Wenn deine Füße fest auf der Erde stehen, wirst du den Stürmen des Lebens standhalten können.

Und wenn dein Leben gerade das reinste Chaos ist und du weder Weg noch Erde sehen kannst, lehn dich an die Schulter eines Freundes. Manchmal findet man den Stand im Leben gemeinsam einfacher. Wir leben nicht allein auf diesem Planeten und wenn die Hütte brennt, dann brennt eben mal die Hütte.

Die stärksten Menschen sind die,
die sich auch schwach zeigen können.
Auch das gehört zum SEIN.

Inspiration Nr. 44

Öffne deine Herzenstür!

Wenn sich negative Gedanken, Verhaltensweisen, Sorgen oder Ängste immer wieder durch die Hintertür hereinschleichen, gibt es nur einen Weg, sie loszuwerden.

Stell dir doch einmal vor, Besucher klopfen an deine Tür. Sie bekommen mit, dass du die Tür verriegelst. Wie reagiert der Besuch dann? Genau: Er ist verärgert, dass du nicht aufgemacht hast, oder? Und sucht dich wahrscheinlich immer wieder auf, weil er nicht verstehen kann, dass er abgewiesen wurde.

So ist es auch mit deinen Gefühlen, deinen Ängsten und deinen Sorgen, die du loswerden willst. Sie sind okay - gib ihnen die Erlaubnis, sich zeigen zu dürfen.

Nimm sie an, lade sie ein zu Kaffee und Kuchen und du wirst sehen: es lebt sich leichter, wenn du sie dir zu Freunden machst und sie annimmst. Setz dich mit ihnen an einen Tisch, sieh sie an, sprich mit ihnen.

Denn was passiert, wenn du den Besuch reinlässt und bewirtest? Er geht irgendwann zufrieden und gesättigt heim, richtig?

Und somit wirst du über das Annehmen den Dingen, die du loswerden willst, die Macht entziehen. Alles, was keine Macht mehr über dich hat, kann sich viel leichter verändern und letztendlich auch verabschieden können.

Ich wünsche dir einen liebevollen Umgang mit dir.

Inspiration Nr. 45

Gib aus dem Herzen!

„Ich hab in meinem Leben so viel gegeben, bekomme aber so wenig zurück. Ich bin immer für alle da, aber wenn ich mal jemand brauche, ist niemand zur Stelle! Was mach ich nur falsch?“

Glaub mir: das Gesetz der Resonanz funktioniert!
Auch wenn es dir nicht so vorkommt.

Es ist für dich deshalb so widersprüchlich, weil du nicht aus dem Herzen gibst, sondern zurückbekommen willst. Dein Geben entsteht also aus einem Mangel heraus. Und wer aus einem Mangel heraus (innere Leere) gibt, dem wird auch Mangel begegnen.

Frage dich also nicht,
wieso du so wenig zurückbekommst.
Frage dich lieber, WIE du gibst.

Wenn du merkst, dass du gibst, um etwas zurückzubekommen (auch wenn es nur ein DANKE ist), wende dich nicht anderen zu, sondern dir selbst! Finde heraus, wie du dein Königreich nähren kannst, damit du bedingungslos geben kannst. Ohne etwas zurückzuerwarten. Wer aus dem Herzen heraus gibt, den erfüllt bereits das Geben mit Freude, ohne dass er Gegenleistung erwartet bzw. bekommt.

Stell dir mal vor, dir würde jemand ein Geschenk überreichen. Fühl dich in beide Varianten rein. Ich bin mir sicher, dass damit die Eingangsfrage beantwortet ist:

Variante 1:

Jemand überreicht dir ein Geschenk. Es hängt ein Zettel daran, auf dem steht: „Das Geschenk darfst du nur behalten, wenn du dich dafür erkenntlich zeigst."

Variante 2:

Jemand überreicht dir ein Geschenk. Es hängt ein Zettel daran, auf dem steht: „Dieses Geschenk überreiche ich dir von Herzen. Du darfst damit tun, was du möchtest. Ich freue mich, dass ich dir eine Freude machen darf."

Welches Geschenk würdest du lieber entgegennehmen?

Inspiration Nr. 46

Es geschieht nach deinem Glauben!

Ob Du nun glaubst, dass Du etwas tun kannst,
oder ob Du glaubst, dass Du es nicht tun kannst,
Du wirst immer recht behalten.

Henry Ford

Inzwischen bin ich mir nahezu hundertprozentig sicher, dass alles, was wir in unserem Leben vorfinden, auf unserem Glauben beruht.

Wenn etwas eintritt, was wir in unseren Gedanken schon im Vorfeld manifestiert haben, heißt es nachher: „Siehst du, hab ich dir schon vorher gesagt!" Aber nicht, weil es so eintreten musste, sondern weil wir daran geglaubt und es somit selbst prophezeit haben.

Wenn ich z. B. überzeugt bin, dass ich es nicht wert bin, geliebt zu werden, dann werde ich auch viele Menschen in mein Leben ziehen, die mich lieblos behandeln.

Wenn ich z. B. krank bin und daran glaube, dass mir nur eine Form der Therapie helfen kann, dann werden andere Therapiearten keine Chance haben.

Untersuchungen und Forschungen zeigen ganz klar: Die Erwartung, gesund zu werden, führt zu realen körperlichen Veränderungen.

Wir beginnen sogar viele Sätze mit einem „Ich bin überzeugt davon, dass …“, ohne dass uns das bewusst ist. Und genau damit kreieren wir uns unsere Realität.

Bei den Überzeugungen, die uns gut tun, ist das prima. Nur was ist mit den Glaubenssätzen, die uns im Leben ständig ausbremsen?

Wenn du irgendein Verhalten ändern willst, aber es nicht hinbekommst, dann ist das ein ziemlich sicheres Zeichen dafür, dass dahinter ein Glaubenssatz steckt, der dich genau von diesem Vorhaben abhält.

Unsere Überzeugungen haben einen Einfluss auf unser Verhalten - und deshalb erleben wir häufig, womit wir rechnen.

Was wir uns einbilden, wird wahr,
im Positiven wie im Negativen!

Inspiration Nr. 47

Liebe ist grenzenlos!

Noch vor zehn Jahren sagte ich „Also den Satz ICH LIEBE DICH werde ich nur dem Mann sagen, den ich auch wirklich liebe.“ Damit meinte ich diese große Liebe. Diese wirklich richtig große Liebe. Na, du weißt schon …

Und heute?

Schon lustig, aber ich bin sehr großzügig in Sachen Liebe geworden. Heute können mir diese drei Wörter auch ganz spontan über die Lippen kommen für jemanden, den ich nur weitläufig kenne. Ich habe mich auch schon gefragt, warum das so ist und wieso sich meine Haltung fast um 180 Grad gedreht hat. Und ich meine, die Antwort gefunden zu haben: Liebe ist einfach schön. Wieso soll ich sie nur auf einen Menschen beschränken? Klar ist eine Beziehung zu einem Mann etwas anderes als zu einer Freundin. Aber ich liebe beide. Wieso soll ich also nicht auch zu beiden sagen dürfen „Ich liebe dich“? Ich liebe die Natur, ich liebe meine Familie, ich liebe meine Freunde, ich liebe Menschen, die wahrscheinlich gar nicht wissen, dass ich sie liebe … ich liebe halt einfach viel mehr als noch vor Jahren. Liebe ist grenzenlos.

Einige, die diese Zeilen jetzt lesen, denken wahrscheinlich: Also dieses Rosa-Wölkchen-Gepupse rund um das Thema Liebe geht mir grad tierisch auf die Nerven!

Das kann ich gut verstehen. Diese Phase hatte ich auch. Da hab ich mich über alle aufgeregt, die dachten, sie könnten Licht kacken. Und zwar deshalb, weil bei mir selbst nur dunkle Klumpen rauskamen.

Und weißt du was? Ich hab es überlebt, denn ich hab mir meine dunklen Klumpen so lange angeschaut, bis mein Leidensfass voll war. Ich hatte irgendwann verstanden, dass es einfach nur einer Entscheidung bedurfte. Und genau DIE hab ich dann getroffen. Die Entscheidung, mich der Sonnenseite des Lebens zuzuwenden. Und seitdem … seitdem kacke ich auch Licht. *breitgrinsenmuss*

Aber du darfst dich natürlich weiter aufregen und das Buch in die Ecke knallen. Ich kann inzwischen damit leben, ein Arschengel zu sein. Ach, im Grunde genommen bin ich sogar gern einer. Du musst es mir ja nicht sagen, okay?

Ach ja … und ich liebe dich trotzdem!

Inspiration Nr. 48

Du bist Liebe!

Wenn du die Liebe im Außen suchst, wirst du immer wieder Menschen finden, die sie dir auf dem Tablett servieren. Sie suggerieren dir, dass du glücklich wirst, wenn du ihr Tablett nimmst. Dabei kompensieren sie in Wirklichkeit ihre eigene Unfähigkeit zu lieben. Genauso wie du. Du brauchst den anderen, um deine (inneren) Löcher zu stopfen. Und er dich. Das hat aber nichts mit Liebe zu tun. Das ist Abhängigkeit!

Dieser Tatsache musste ich auch einst ins Auge schauen, obwohl Abhängigkeit viel bequemer gewesen wäre. Aber ich habe hingeschaut. Und ich hatte den Mut, Verhaltensmuster konsequent zu durchbrechen. Ich hatte sogar den Mut, Beziehungen aufs Spiel zu setzen, denn ich wollte mir selbst treu bleiben und endlich zu mir stehen können.

Wenn du also glaubst, dass andere Menschen für dein Unglück, für deine unschönen Gefühle oder für deinen Missstand verantwortlich sind, manövrierst du dich immer weiter ins Unglück. Denn die Verantwortung für dich trägt in allen Belangen eine einzige Person: Du selbst!

Du brauchst kein Tablett von jemand anderem, um glücklich zu sein, denn die Gefahr, dass er es zurückzieht oder wiederhaben möchte, besteht immer. Und dann plumpst du wie ein nasser Stein auf den harten Boden und glaubst, kaum mehr aufstehen zu können.

Auch wenn du diese Menschen verfluchst: Sie sind für dein Leben wichtig. Und auch richtig. Richtig auf deinem Weg, weil du nur dadurch erkennen kannst, dass das Glück und die Liebe in dir selbst liegen.

Und so paradox es auch klingen mag: Wenn du dies verinnerlicht hast, lebst du in einer inneren Freiheit, so dass dir die Menschen in einem anderen Licht erscheinen. Keiner ist angebunden, alle Menschen sind frei - und die Liebe und das Glück sind grenzenlos. Jeder trägt es in sich. Du kannst dich im Vertrauen fallen lassen. Ins Leben - und auch die Arme anderer Menschen.

Mit der Gewissheit:
Du bist Liebe.

Inspiration Nr. 49

Entscheide dich für Leben!

Nichts ist gewisser als der Tod,
nichts ungewisser als seine Stunde.

Anselm von Canterbury

Jeder von uns stirbt irgendwann. Viele Menschen verdrängen diese Tatsache gern, aber es ist so. Die Seele verlässt den Körper. Und dann fliegt die Seele weiter. Keiner weiß genau, wohin. Die einen glauben an Reinkarnation, so wie ich, andere wiederum glauben, dass dann alles vorbei ist.

Wie dem auch sei. Fakt ist: Wir sind nur eine begrenzte Zeit in diesem Körper, den wir jetzt haben, auf der Erde.

Und weil ich weiß, dass die Zeit begrenzt ist, sage ich mir immer öfter: Mach doch einfach, was du willst, Kerstin. Wenn dein körperliches Dasein begrenzt ist und du hier bist, um Erfahrungen zu sammeln: Wieso wartet du dann noch? Worauf? Auf wen? Wozu die ganzen Ausreden?

Wenn ich mir selbst diese Fragen stelle, kommen dann manchmal immer noch solche Antworten wie „Davor hab ich Angst“ oder „Das kann ich nicht“ oder „Wie soll ich das nur schaffen?“.

So ein Käse!

Ja, du hast richtig gelesen. Das ist der größte Quatsch, der uns je eingeimpft worden ist: Sich anpassen, um anderen zu gefallen.

Das war auch Jahre lang meine Devise. Für wen oder was denn bitteschön? Wir sind hier, um unseren eigenen Weg zu gehen und nicht den Trampelpfaden von Papa Otto, Mama Lieschen, Lehrerin Müller oder Chef Pusemuckel zu folgen. Verstehst du? Ausbrechen … tun … machen … erleben … freuen!

Oder wie sonst willst du sonst glücklich sein?

Wenn es eine Botschaft vom Tod gibt, dann ist es die: Nutze deinen Körper, den du als Leihgabe bekommen hast, um zu leben. JETZT!

Merkst du nun, wie eng Leben und Tod beieinander liegen? Schau dem Tod ins Auge und du wirst den Drang nach Leben spüren.

Folge deiner inneren Stimme.
Die äußeren kennst du ja nun.

Leben ist jetzt!

Inspiration Nr. 50

Der Reichtum deines Herzens zählt!

Ich war immer so ein richtiger Ziele-Junkie. Ja, so hatte ich es gelernt: Nur wenn du Ziele hast, kannst du etwas erreichen! Dann bist du wer!

Als ich im ersten NLP-Kurs ein sogenanntes Zieleblatt abgegeben hatte, standen darauf gewaltige Ziele. Wir bekamen die Zieleblätter immer nach einem Jahr zurück. Sie dienten dazu, uns selbst überprüfen zu können.

Nach dem ersten Jahr dachte ich mir: „Kein Wunder, dass du immer so jämmerlich versagt hast. Deine Ziele waren so riesig, die konntest du ja gar nicht erreichen."

Selbstverurteilung war zu dem Zeitpunkt noch hoch im Kurs.

Im „NLP Master" gab ich dann zu Beginn des dritten Jahres ein Zieleblatt ab mit den Worten „Ich habe meine Ziele noch nie so wischi waschi aufgeschrieben!"

Die Trainerin meinte lächelnd: „Gut so!"

Und wenn ich mich heute anschaue, dann ist es schon fast erschreckend, aber ich habe kaum mehr Ziele. Also nicht diese typischen wie Haus, Auto,

Boot und so. Obwohl … ein Schwimmbad im Keller wäre toll.

Ich kann immer noch träumen wie ein Weltmeister, aber ob meine Träume in Erfüllung gehen, ist nicht mehr so wichtig. Viel wichtiger ist, dass ich mir erlaube, zu träumen.

Heute lebe ich mehr im Vertrauen. Das, was ich noch habe, sind Herzenswünsche. Und das ist auch das einzig wirkliche Ziel:

Dass mein Herz tanzt.
Dass ich mein Leben lebe.
Dass ich Freude habe an dem, was ich tue.

Die Ziele sind bescheidener geworden. Was sich aus ihnen entwickeln wird, weiß ich nicht. Aber ich weiß, dass ich mit einem reichen Herzen niemals arm sein werde.

Wir sind auf dieser Erde,
um unser Leben zu leben und
nicht, um auf den Tod zu warten!

Persönliche Dankesworte

Der Weg zur Selbstliebe ist nicht immer einfach. Für einen selbst nicht, aber auch für die Menschen im Umfeld nicht. Besonders die eigene Familie wird manchmal regelrechten Prüfungen unterzogen. Wenn jemand erWACHsen wird, Selbstverantwortung übernimmt, eigene Wege geht, unerwartete Entscheidungen trifft, die auf Unverständnis stoßen, zu sich steht und Meinungen ändert, kann das Gefühle aufwirbeln, die keiner sehen möchte. Dennoch sind sie da. Und sie wollen gesehen werden. Ich gehe noch weiter: Sie wollen gelebt werden, damit sich das Herz öffnen kann und Heilung geschehen darf.

Es haben in den letzten Monaten so unglaublich viele liebe Menschen meinen Weg gekreuzt, die ich gar nicht alle einzeln aufzählen kann. Aber bedanken möchte ich mich dennoch. Am allermeisten bei zwei Menschen:

Mama und Papa, mein heutiger Dank kommt aus tiefstem Herzen und ist aufrichtiger denn je. Danke, dass ihr den Weg in den letzten 40 Jahren mit mir gegangen seid. Danke für alle Emotionen, die wir gemeinsam durchlebt haben. Danke, dass ihr mir mein Leben geschenkt habt! Ich liebe euch.

Über die Autorin

Kerstin Werner wurde 1973 in der wunderschönen Eifel geboren, wo sie auch heute lebt und arbeitet.

Durch zahlreiche Seminare zur Persönlichkeitsentwicklung und einer Ausbildung zum NLP-Coach konnte sie viele Erfahrungen sammeln, die in ihren Büchern Ausdruck finden.

Kreativität, Inspiration und Humor sind ihre größten Stärken. Sie liebt nicht nur das Schreiben, sondern ebenso das Fotografieren.

www.kerstin-werner.de

Über die Illustratorin

Ulrike Hirsch, Künstlerin mit Leib und Seele, fertigt mit Liebe und Hingabe Auftragsmalereien an, illustriert Bücher für Groß und Klein, ist Grafik-Designerin mit Herz und auch leidenschaftliche Musikerin.

Außerdem begleitet sie Menschen in ihren Workshops und Einzelarbeiten bei dem von ihr entwickelten heilsamen Intuitiven Malen.

www.ulrike-hirsch.de

Bislang von Kerstin Werner veröffentlicht:

Berührende Kurzgeschichten:

- Gefühle zeigen erlaubt
- Vertrauen ist der Schlüssel
- Dein Herz darf leuchten

Herz- und augenöffnende Ratgeber:

- Freiheit, ich komme!
- Wach auf – Dein Leben wartet
- So ist das also! Die Herzenssprache verstehen

Kinderbücher:

- Die mutige Schneeflocke (ab 3 Jahre)

Leserstimmen:

Kurz und präzise auf den Punkt gebracht. Mal was ganz anderes als die anderen Lebenshilfebücher. Ich konnte und kann sie nicht mehr aus der Hand legen, bin begeistert - sie helfen mir unterstützend zu meiner derzeitigen Therapie. Die kurzen Geschichten sind ergreifend und machen Mut.

- Birgit Hellmich -

In einer für mich schweren Zeit habe ich durch die Bücher von Kerstin Werner neue Wege gefunden. Ich kann sie jedem empfehlen. In vielen Geschichten habe ich mich erkannt und viele Tränen beim Lesen laufen lassen. Jetzt kann ich vieles aus einem anderen Blickwinkel sehen und fühlen. „Gefühle zeigen erlaubt“ sage ich mir nun täglich und lebe es. Die Bücher gehören zu meinen täglichen Begleitern. Vielen Dank liebe Kerstin für diese Bücher, die mein Leben und Tun verändern.

- Katrin Usdau -

Ich habe alle Bücher von Kerstin Werner gelesen und möchte ihre kleinen Lebensweisheiten, die sie auf ihre ganz eigene, so äußerst liebenswerte Schreibweise dem Leser näher zu bringen weiß, nie mehr missen.

- Ilona Scholl -

Kerstin Werners Bücher muss man einfach gelesen haben. Sie ist ein Mensch, der frei von der Leber weg schreibt. Ehrlich, herzlich und für jedermann verständlich. Sie nimmt kein Blatt vor den Mund, sondern schreibt genauso, wie es aus ihr heraus sprudelt. Das macht sie unheimlich sympathisch. Jeder, der ihre Bücher liest, verändert sein Leben positiv – automatisch. Für mich persönlich waren sie bereichernd, weil ich mich mit allem identifizieren und deshalb den Inhalt nachvollziehen konnte. Dadurch wurde ich wesentlich freier. Danke dafür.

- Erika Auberger -

Wissend, persönlich, anrührend, ermutigend, klar verständlich sind nur wenige Worte, die umschreiben was diese Bücher auszeichnet. Sie holen dich da ab, wo du gerade stehst und begleiten dich dann auf deinem weiteren Weg. Einfach so und werden beste Freunde. Kerstin ist mit ihren Büchern mitten im manchmal schwierigen Leben präsent und fungiert für mich oft als Wegweiser. Danke, ohne dich wäre vieles viel schwieriger.

- *Angela Hrdina* -

Die Würze liegt in der Kürze. Die Themen von Kerstin Werners Geschichten erfüllen mich immer wieder mit guten Gedanken. Sie zeigen mir, dass ich mit meinen Themen nicht alleine bin in der Welt. Sie führen mich raus aus meinen oft destruktiven Gedanken. Ich lese sie gerne, habe auch schon einige verschenkt. Absolute Empfehlung.

- *Pia Maria Schüffelgen* -

Kerstin Werner schreibt gut verständlich, und trifft mit jeder einzelnen ihrer Geschichten mitten ins Herz ihrer Leser! Sie begleitet uns liebevoll auf einem Weg, der uns mit uns selbst und unseren versteckten Gefühlen konfrontiert. Es darf gelacht, und geweint werden! Letztendlich darf alles in Liebe gehen, was uns so lang belastet und behindert hat! Ich kann nur von mir selbst berichten: Jede Geschichte ist ein Aha-Erlebnis!

- *Viola Rest* -

Kerstins Bücher sind nicht einfach nur Bücher. Sie sind ein Erlebnis. Da sie in einem einfachen und erfrischenden Stil geschrieben sind, fühlt sich der Leser direkt angesprochen und einbezogen. Geschichten aus dem Leben für das Leben.

- *Manuela Reiffers* -

6592175R00072

Printed in Germany
by Amazon Distribution
GmbH, Leipzig